高等院校"十二五"经济管理实验实训系列教材

福建师范大学协和学院出版专项基金资助项目

企业会计综合实训

THE COMPREHENSIVE TRAINING OF ENTERPRISE ACCOUNTING

主　编：雷金英

副主编：何　颖　蔡赛容　柯　芳

经济管理出版社

ECONOMY & MANAGEMENT PUBLISHING HOUSE

前　言

由于受会计电算化的影响，采用手工记账的企业越来越少，为适应这种变化，大多数学校购置了金蝶或用友软件，并开设了相应的实验课程。但电算化实验无法对会计核算各个环节的数据关联进行全貌展示，如账簿数据、报表大多为计算机自动计算，学生往往难以理清各个环节数据的来龙去脉。对于会计和财务管理专业的同学来说，只有手工记账才能让其了解和熟练掌握会计核算的全过程，使学生对各个财务数据能知其然，知其所以然。

国内关于会计模拟仿真练习之类的辅导书籍还是比较多的，我们每年都精挑细选作为学生练习使用，但在多轮的实验教学中，我们发现：大部分的仿真练习内容多而全，重复业务比较多，原始凭证不是特别逼真，而且基本上是固定套路，即先介绍模拟企业情况，再给期初数据，接着便是经济业务和原始凭证，要求学生模拟记账。对实验步骤、实验要求等均未做说明。特别是对于一些会计基础知识不扎实的学生而言，教材中如果没有理论基础知识介绍和操作指导，老师和学生使用时都非常吃力。

鉴于此，我们萌发了编写一套工业会计手工账仿真实验教材的想法，本教材分为上下篇两个部分：上篇为会计核算流程详解，供学生及时、有针对性地巩固理论知识；下篇为工业会计实务实战演练，即本课程的核心模块，在实验指导教师的辅导下完成七个实训项目。通过对虚拟的企业——鹏程电子股份有限公司的实训资料进行会计实务实战演练，使学生熟练掌握会计操作的全部基本技能——从建账、填制和审核原始凭证、编制记账凭证、登记账簿、成本计算、试算平衡、结账、会计报表编制到会计凭证的装订，让每个学生可以得到身临其境的锻炼，能成为一个真正的会计人员。

本书特点如下：

1. 本书分为理论部分和实战演练部分，理论基础知识是按照实验项目分章节讲解，每个知识点都列示了必要的操作示范，并与下篇实验项目紧密结合，可有效指导学生实验，减少辅导教师的工作量，减少实验过程的盲目性。

2. 本书原始凭证、会计凭证和各类账页全部转换为图片格式，形象逼真。

3. 本书实验步骤指导详细，能使实验有序进行。

4. 本书实验数据经过多轮教学检验，较为准确，能保证实验有序开展。

需要说明的是本书所涉及企业均为虚拟企业，不存在泄露企业财务信息事项。

作者

2014 年 10 月

目 录

上篇　会计核算流程详解

下篇　工业会计实务实战演练

上 篇

会计核算流程详解

■本篇包括第一章至第七章,为会计核算流程详解。主要讲述了建账、填制和审核会计凭证、登记账簿、计算产品成本、结账与对账、编制财务报表,以及装订会计凭证等方面的理论知识和业务操作方法。

■本篇按照实验项目分章节讲解,每个知识点都列示了必要的操作示范,并与下篇综合实训各项目紧密结合,可作为综合实训的实验指导和规范示例。

第一章 建账

工业企业是指那些专门从事产品的制造、加工、生产的企业,所以也有人称工业企业为制造业。工业企业由于会计核算涉及内容多,又有成本归集与计算问题,所以工业企业建账是最复杂的,也是最具有代表意义的。

一、建账的意义

为了便于了解企业在某一时期内全部经济业务活动情况,必须建账,借以取得经营管理上所需要的各种会计信息,这对于全面、系统、序时、分类反映企业各项经济业务,充分发挥会计在经济管理中的作用具有重要意义。

(一)建账的定义

账主要是指会计账册,亦称会计账簿。新建单位和原有单位在年度开始时,会计人员均应根据核算工作的需要设置应用账簿,即平常所说的"建账"。只有借助会计账册,才能进行会计信息的收集、整理、加工、储存和提供;也只有通过会计账册,才能连续、系统、全面、综合地反映单位的财务状况和经营成果。依法建立账册,是国家法律的强制要求,也是加强单位经营管理的客观需要。

《中华人民共和国会计法》(以下简称《会计法》)规定:"各单位按照国家统一的会计制度的规定设置会计科目和会计账簿。"《中华人民共和国公司法》(以下简称《公司法》)第一百八十一条规定:"公司除法定的会计账册外,不得另立会计账册。"《中华人民共和国税收征收管理法实施细则》第十二条规定:"从事生产、经营的纳税人、扣缴义务人按照国务院财政、税务主管部门的规定设置账簿,根据合法、有效凭证记账,进行核算。个体工商户确实不能设置账簿的,经税务机关核准,可以不设置账簿。"《中华人民共和国税收征收管理法实施细则》第十七条规定,"从事生产、经营的纳税人应当依照税收征管法第十二条规定,自领取营业执照之日起十五日内设置账簿";第十八条规定,"生产经营规模小又确无建账能力的个体工商户,可以聘请注册会计师或者经税务机关认可的财会人员代为建账和办理账务;

聘请注册会计师或者经税务机关认可的财会人员有实际困难的,经县以上税务机关批准,可以按照税务机关的规定,建立收支凭证粘贴簿、进货销货登记簿等"。

由此,国家机关、社会团体、企业、事业单位和符合建账条件的个体工商户以及其他经济组织应当建立会计账册。

(二)建账的原则

第一,不建账外账。会计应以诚信为本,不做假账,不设账外账,这是每一个会计人员应遵从的职业操守。

第二,资料要齐全。成立一个合法的企业必须有以下资料:组织机构代码证、公司章程、营业执照、国地税税务登记证、验资报告等,以上资料是会计建账的法律依据。

第三,与企业相适应。企业规模与业务量是成正比的,规模大的企业,业务量多,分工也复杂,会计账簿需要的账册也多。企业规模小,业务量少,设置账簿时就没有必要设许多账。

第四,依据账务处理程序。企业业务量大小不同,所采用的账务处理程序也不同。企业一旦选择了账务处理程序,也就选择了账簿的设置。

二、建账的程序

任何企业在成立初始,都面临建账问题,即根据企业具体行业要求和将来可能发生的会计业务情况,购置所需要的账簿,然后根据企业日常发生的业务情况和会计处理程序登记账簿。建账流程分为"选择准则"、"科目选择"、"确定记账方法和核算形式"、"准备账簿"、"填制账簿期初余额"等内容。

(一)选择适用准则和制度

根据企业经营行业、规模及内部财务核算特点等,选择适用准则与制度。会计制度经过 20 多年发展不断完善,从时点上看主要有三个阶段。第一阶段:1993 ～ 2000 年。中国境内企业适用的会计制度有 13 个分行业会计制度,具体包括《工业企业会计制度》、《商品流通企业会计制度》、《金融企业会计制度》、《保险企业会计制度》、《邮电通信企业会计制度》、《旅游、餐饮服务业会计制度》和《建筑安装企业会计制度》等。第二阶段:自 2001 年 1 月 1 日起《企业会计制度》暂在股份有限公司范围内执行,其他非股份有限公司可以选择执行原来的行业会计制度,也可以执行《企业会计制度》。自 2002 年 1 月 1 日起《金融企业会计制度》暂在上市的金融企业范围内实施。非上市股份制金融企业也可以执行《金融企业会计制度》。自2005年1月1日起开始施行的《小企业会计制度》。第三阶段:自2007年1月1日起在上市公司范围内开始施行的《企业会计准则——基本准则》和38项具体准则以及应用指南。除金融企业以外的非上市股份有限公司可以执行最新企业会计准则,也可以执行《企业会计制度》。"小企业"可以执行最新企业会计准则,也可以执行《企业会计制度》,还可以执行《小企业会计制度》。总体来说,现阶段《企业会计准则》适用于所有企业。

(二)选择与企业管理需要相关的会计科目

企业会计制度确定后,会计科目设置必须符合会计制度的要求。企业在设立账簿选择会计科目时,主要应考虑国家统一会计规范的规定和根据企业实际业务的性质与内容两个方面的因素,并遵循会计科目设置统一性和灵活性相结合的原则,可以参照会计准则应用指南中的会计科目,结合自己单位所属行业及企业管理需要,依次从资产类、负债类、所有者权益类、成本类、损益类中选择出应设置的会计科目。为了便于在不同时期分析比较会计核算指标和在一定范围内汇总核算指标,会计科目设置必须保持相对稳定性。

(三)确定记账方法和核算形式

根据现行企业会计规范规定,我国企事业单位的会计核算统一使用借贷记账法。确定了记账方法,就明确了各会计科目的记账方向,为正确进行会计核算打下了基础。会计核算形式是指在会计循环中会计主体采用的会计凭证、会计账簿、会计报表的种类和格式与记账程序有机结合的方法和步骤。会计核算形式的选择会影响到会计凭证种类的选择,以及会计信息数据处理流程的差异,是建账时必须考虑的因素。企业会计实践中比较常见的有记账凭证核算组织程序、科目汇总表核算组织程序、汇总记账凭证核算组织程序和日记总账核算组织程序。企业会计在实践中运用最普遍的是科目汇总表会计核算形式。

1. 记账凭证核算组织程序

记账凭证核算组织程序的特点是直接根据各种记账凭证逐笔登记总分类账(见图1-1)。

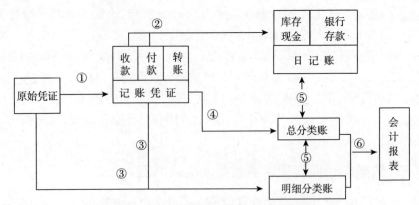

图1-1　记账凭证核算组织程序处理步骤

2.科目汇总表核算组织程序

科目汇总表核算组织程序的特点是定期根据所有记账凭证汇总编制科目汇总表,根据科目汇总表上的汇总数字登记总分类账(见图1-2)。

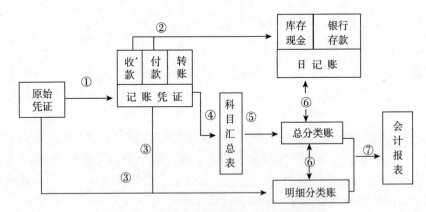

图1-2　科目汇总表核算组织程序处理步骤

3.汇总记账凭证核算组织程序

汇总记账凭证核算组织程序的特点是定期将全部记账凭证分别编制汇总收款凭证、汇总付款凭证和汇总转账凭证,根据各种汇总记账凭证上的汇总数字登记总分类账(见图1-3)。

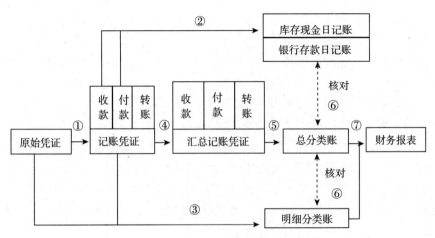

图 1－3 汇总记账凭证核算组织程序处理步骤

4. 日记总账核算组织程序

日记总账核算组织程序的特点是根据记账凭证逐笔登记日记总账(见图 1－4)。日记总账核算组织程序与记账凭证账务处理程序不同的是日记总账采用多栏式,而以上三种核算组成程序的总分类账均是三栏式。

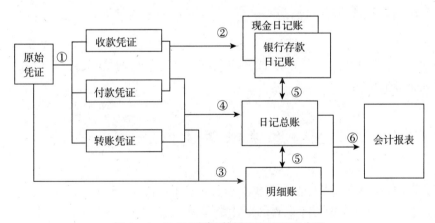

图 1－4 日记总账核算组织程序处理步骤

(四)准备账簿

一个单位应该设置哪些账簿,采用什么样的格式,这要根据会计规范的规定、管理要求和实际经济业务情况来决定,同时也要受到这个单位所选择的会计核算形式的影响。总体来说要依企业规模、经济业务的繁简程度、会计人员多少,采用的核算形式及电子化程度来确定,每个单位都应该设置总分类账、明细分类账、日记账和备查账。一般而言,企业需要设置以下基本账簿。

总分类账外形使用订本账,根据单位业务量大小可以选择购买 100 页的或 200 页的。总分类账包含企业所设置的全部账户的总括信息。

现金日记账外形使用订本式,根据单位业务量大小可以选择购买 100 页的或 200 页的。但如有外币,则应就不同的币种分设现金日记账。

银行存款日记账外形使用订本式,根据单位业务量大小可以选择购买 100 页的或 200 页的。一般应根据每个银行账号单独设立 1 本账。如企业只设了基本账户,则设 1 本银行存款日记账。

明细分类账采用活页形式。明细账设置完全视企业管理需要来设。存货类的明细账要用数量金额式的账页,如原材料明细账、库存商品明细账;收入、费用、成本类的明细账要用多栏式的账页,如管理费用明细账;除应交增值税明细账和生产成本明细账,设有专门格式账页,其他的基本全用三栏式账页。

并非每个企业都要设置备查账簿,对于一些经济事项繁杂而总账和明细账又不能详细反映的业务,可以设置如应收账款备查簿、应收票据备查簿、递延税款备查簿等。事后查账时,备查簿便是最好的备忘录。

(五)登记账簿期初信息

确定会计科目,根据不同的会计科目开设账户后,下一步的工作就是在各有关账户中登记账簿期初信息。账簿期初信息包括账簿扉页的填写、科目名称的填写和期初余额的填写。

三、各类账簿建账示例

建账应按照会计制度规定,根据企业具体行业要求,确定账簿种类、格式、内容及登记方法。按照规定需要设置的会计账簿有:总账(一级科目)、明细账(明细科目)、日记账等。

(一)总分类账建账示例

总分类账是按一级会计科目设置,提供总括资料的账簿,总分类账簿只能以货币计量。

1.启用账簿填写扉页

扉页要填写的内容包括:使用起止日期,页数,册次,经管人员一览表及签章,会计主管签章,账户目录等。具体要求如下:

①单位或使用者名称,即会计主体名称,与公章内容一致。

②印鉴,即单位公章。

③使用账簿页数,在本年度结束(12月31日)据实填写。

④经管人员,盖相关人员个人名章。另外记账人员更换时,应在交接记录中填写交接人员姓名、经管及交出时间和监交人员职务、姓名。

⑤粘贴印花税票并划双横线。

⑥填写账户目录索引。

在扉页的反面填写账号目录索引。填写目录索引应与总账账页分页使用内容相一致。可以边对账页分类边登记目录索引。

[例1-1]2011年08月01日,北京南方股份有限公司开始建账,请填写总分类账的账簿启用及交接表(相关人员:总经理,赵洲翔;会计主管,林玲;记账,张翔;复核,马明。账簿编号01;本账簿共计50页;第一册)(见图1-5)。

账 簿 启 用 及 交 接 表

机构名称	北京南方股份有限公司								
账簿名称	总分类账				（第 一 册）				
账簿编号	01								
账簿页数	本账簿共计50			页（	本账簿页数 检点人盖章	）			
启用日期	公元 2011 年 08 月 01 日								

经管人员	负责人		主办会计		复核		记账	
	姓名	盖章	姓名	盖章	姓名	盖章	姓名	盖章
	赵洲翔	翔赵 印洲	林玲	林玲	马明	马明	张翔	张翔

接交记录	经管人员		接管				交出			
	职别	姓名	年	月	日	盖章	年	月	日	盖章

备注	

图1-5　总分类账账簿启用及交接表填制

2. 在账页上填写科目名称

按资产类、负债类、所有者权益类、成本类、损益类的顺序把所需会计科目名称写在左上角或右上角的横线上，或直接加盖科目章。

填写科目名称时需注意两个问题：

(1)预留账页。总分类账外形采用订本式，印刷时已事先在每页的左上角或右上角印好页码。由于企业所有账户均须在一本总账上体现，年业务量多的会计科目需要使用多张账页进行登记，故应给每个账户预先留好页码。如"库存现金"用第1页、第2页、第3页、第4页；"银行存款"用第5页、第6页、第7页、第8页，每个账户根据单位业务量大小视具体情况设置。同时要把科目名称及其页次填在账户目录中。

(2)粘贴口取纸。为了查找、登记方便，在设置账页时，每一账户的第一张账页外侧粘贴口取纸，并各个账户错开粘贴。当然口取纸上也要写出会计科目名称。一般只写一级科目。另外，也可将资产、负债、所有者权益、收入、费用按红、蓝不同颜色区分开。例如，假如总账账页从第一页到第十页登记现金业务，我们就会在目录中写清楚"现金……1～10"，并且在总账账页的第一页贴上口取纸，口取纸上写清楚"现金"；第十一页到二十页为银行存款业务，我们就在目录中写清楚"银行存款……11～12"，并且在总账账页的第十一页贴上写有"银行存款"的口取纸；依次类推，总账就建好了。

3. 填写每个账户的期初信息

新成立企业建账基准日应以公司成立日即营业执照签发日或营业执照变更日为准，由于会计核算以年度、季度、月进行分期核算，在实际工作中，一般以公司成立当月月末或下月初为基准日。如果公司设立之日是在月度中的某一天，一般以下一个月份的月初作为建账基准日。已经成立的企业，在新的年度开始时企业的总账需要重新建账。

对于已经成立的企业需要登记期初余额，即直接将上年该账户的余额，抄入新账户所开第一页的首行，也就是直接"过账"。在"日期"栏内，写上"01月01日"；"摘要"栏内写上"上年结转"或"期初余额"或"年初余额"字样；将上年末账面数填在"余额"栏内，并在方向栏填写"借"或"贷"字。当余额为0时，方向栏填写"平"，金额栏在元的位置写0。

对于收入和费用相关的损益类科目，一般在年末要进行结账，结账后余额一般为零，所以在建立总账时，损益类科目不需要填写账户的期初余额。

[例1-2]2011年01月01日，福建宁新有限公司"库存现金"的期初余额为

6000.00 元。请建立库存现金总账(见图 1-6)。

分页: *1* 总页:

总 分 类 账

科目:库存现金

2011年		凭证		摘要	借方									贷方									借或贷	余额									√
月	日	字	号		亿	千	百	十	万	千	百	十	元	角	分	亿	千	百	十	万	千	百	十	元	角	分		亿	千	百	十	万	千	百	十	元	角	分	
01	01			上年结转																							借				6	0	0	0	0	0	

图 1-6 库存现金总分类账账簿建账

(二) 日记账建账示例

日记账账簿启用时扉页的填写与总账类似。现金日记账是专门用来登记现金的收付情况,银行存款日记账是专门用来登记银行存款的收付情况。每个账页均不涉及填写科目名称的问题。

[例 1-3] 2011 年 01 月 01 日,福建宁新有限公司库存现金的期初余额为 6000.00 元。请建立现金日记账(见图 1-7)。

现 金 日 记 账

第 1 页

2011年		凭证		票据号数	摘要	借方									贷方									余额									核对
月	日	种类	号数			百	十	万	千	百	十	元	角	分	百	十	万	千	百	十	元	角	分	百	十	万	千	百	十	元	角	分	
01	01				上年结转																					6	0	0	0	0	0	

图 1-7 现金日记账建账

[例 1-4] 2011 年 01 月 01 日,福建宁新有限公司"银行存款"的期初余额为 415000.00 元。请建立银行存款日记账。开户行:交通银行北京分行;账号:020000100901213644121(见图 1-8)。

银行存款日记账

开户行: *交通银行北京分行*
账 号: *020000100901213644121*

2011年		凭证		摘要	借 方										贷 方										余 额										核对
月	日	种类	号数		亿	千	百	十	万	千	百	十	元	角	分	亿	千	百	十	万	千	百	十	元	角	分	亿	千	百	十	万	千	百	十	元	角	分	
01	01			上年结转																									4	1	5	0	0	0	0	0	☐
																																					☐
																																					☐
																																					☐
																																					☐
																																					☐

图 1-8 银行存款日记账建账

(三) 明细账建账示例

明细账账簿启用时扉页的填写与总账类似。多数明细账应每年更换一次,但有些明细账则可以继续使用,如财产物资明细账和债权、债务明细账等,由于材料等财产物资的品种、规格繁多,债权、债务单位也较多,如果更换新账,重抄一遍的工作量相当大,因此,可以跨年度使用,不必每年更换一次;固定资产卡片等卡片式账簿及各种备查账簿,也都可以跨年度连续使用。

1. 三栏式明细账示例

[例1-5]2011年01月01日,福建宁新有限公司应收账款——智识百货有限公司的期初余额为借方72000.00元,请建立该明细账(见图1-9)。

应收账款明细账

分页:*1*_____总页:*12*

一级科目:*应收账款*   二级科目:*智识百货有限公司*

2011年		凭证		摘 要	日页	借 方								贷 方								借或贷	余 额							
月	日	种类	号数			百	十	万	千	百	十	元	角	分	百	十	万	千	百	十	元	角	分		百	十	万	千	百	十	元	角	分
01	01			上年结转																				借			7	2	0	0	0	0	0

图 1-9 应收账款明细账建账

2.数量金额式明细账示例

[例1-6]2011年01月01日,福建宁新有限公司原材料——丙酮库存6000千克,单价5元/千克,期初余额为30000.00元(见图1-10)。

原材料—丙酮数量金额式明细账

分页 1 总页 12

最高存量10000 编号、名称 丙酮
最低存量4000 储备天数10 存放地点 二号仓库 计量单位 千克 规格 SEJK-022 类别

2011年		凭证字号	摘要	收入		金额	付出		金额	结存		金额
月	日			数量	单价	百十万千百十元角分	数量	单价	百十万千百十元角分	数量	单价	百十万千百十元角分
01	01		上年结转							6000.00	5.00	30000000

图1-10 原材料明细账建账

3.多栏式明细账示例

损益类科目多栏式明细账,年末一般都结转至本年利润科目,期末余额均为零,在年初建账时就不用填写上年结转,直接从1月1日开始登记业务。生产成本明细账,从账页来看,其格式也是多栏式,但生产成本明细账的性质属于成本类,期末有余额,需要填写"上年结转",建立期初数据。

[例1-7]2011年01月01日,福建宁新有限公司管理费用明细账期初建账(见图1-11)。

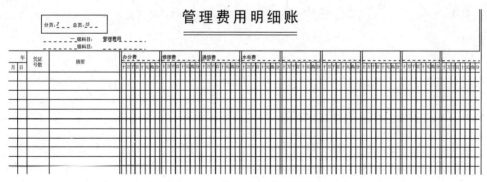

图1-11 管理费用明细账建账

第二章　会计凭证的填制与审核

随着企业的发展,及时、准确的会计信息在企业管理中的作用愈来愈重要。为了能如实反映会计主体经济业务的发生情况,明确各项经济业务经办人的经济责任,在经济业务发生时,必须取得和填制有关的会计凭证。所有的会计凭证都要由会计部门审核,只有经过审核无误的凭证才能作为经济业务已经发生或完成的证明。因此,做好会计凭证的填制和审核工作,是保证会计账簿资料真实性、正确性的重要条件。

一、会计凭证定义和种类

会计凭证简称凭证,是记录经济业务,明确经济责任和据以登记账簿的书面证明。填制和审核会计凭证,是整个会计核算工作的起点和基础。

会计凭证按填制程序与用途分为原始凭证和记账凭证。原始凭证是经济业务发生时取得或填制的,其用途主要用于编制记账凭证。记账凭证是根据归类、整理后的原始凭证进行编制的,即会计分录凭证,其用途主要用于登记账簿。

二、原始凭证填制与审核

原始凭证是在经济业务发生时取得或填制,载明经济业务具体内容和完成情况的书面证明。

(一) 原始凭证的填制内容

由于原始凭证的种类不同,其具体填制方法和填制要求也不尽一致,但就原始凭证应反映经济业务、明确经济责任而言,原始凭证的填制有其一般的要求。

为了确保会计核算资料的真实、正确并及时反映经济业务,原始凭证必须具备以下基本内容:

（1）原始凭证名称；

（2）填制原始凭证的日期；

（3）接受原始凭证的单位名称；

（4）经济业务内容（含数量、单价金额等）；

（5）填制单位签章；

（6）有关人员签章；

（7）凭证附件。

（二）原始凭证的填制要求

填制原始凭证，要由填制人员将各项原始凭证要素按规定方法填写齐全，办妥签章手续，明确经济责任。具体要求如下：

1. 必须真实和正确

原始凭证中应填写的项目和内容必须真实、正确地反映经济业务的原貌。无论日期、内容、数量和金额都必须如实填写，不能以估算和匡算的数字填列，更不能弄虚作假，改变事实的真相。

2. 必须完整和清楚

原始凭证中规定的项目都必须填写齐全，不能缺漏。文字说明和数字要填写清楚、整齐和规范，凭证填写的手续必须完备。

3. 书写格式要规范

原始凭证要用蓝色或黑色笔书写，字迹清楚、规范，填写支票必须使用碳素笔，合计的小写金额前应加注币值符号，如"￥"等。大写金额有分的，后面不加整字，其余一律在末尾加"整"字；大写金额前还应加注币值单位，注明"人民币"、"美元"、"港元"等字样，且币值单位与金额数字之间，以及各金额数字之间不得留有空隙。各种凭证不得随意涂改、刮擦、挖补，若填写错误，应采用规定方法予以更正。对于重要的原始凭证，如支票以及各种结算凭证，一律不得涂改。对于预先印有编号的各种凭证，在填写出现错误后，要加盖"作废"戳记，并单独保管。阿拉伯数字应一个一个地写，不得连笔写。阿拉伯数字金额前面应写人民币符号"￥"。人民币符号"￥"与阿拉伯数字金额之间不得留有空白。凡阿拉伯数字前写有人民币符号"￥"的，数字后面不再写"元"字。所有以元为单位的阿拉伯数字，除表示单价等情况外，一律填写到角分。无角分的，角位和分位可写"00"或符号"—"；有角无分的，分位应写"0"，不得用符号"—"代替。汉字大写金额数字，一律用正楷字或行书字书写，如壹、贰、叁、肆、伍、陆、柒、捌、玖、拾、佰、仟、万，不得用一、二（两）、三、四、五、六、七、八、九、十、毛、另（0）等字样代替，不得任意自造简化字。阿拉伯数字金额中间有"0"时，汉字大写金额要写"零"字，如￥101.50，汉字大写金额应写成人民币壹佰零壹元伍角整。阿拉伯数字金额中间连续有几个"0"时,汉字大写金额中可以只写一个"零"字,如￥1004.56,汉字大写金额应写成人民币壹仟零肆元伍角陆分。阿拉伯数字金额元位是"0"或数字中间连续有几个"0",元位也是"0",但角位不是"0"时,汉字大写金额可只写一个"零"字,也可不写"零"字,如￥1320.56,汉字大写金额应写成人民币壹仟叁佰贰拾元零伍角陆分,或人民币壹仟叁佰贰拾元伍角陆分。

4. 必须有经办人员和有关责任人员的签章

原始凭证在填制完成后,经办人员和有关责任人员都要认真审核并签章,对凭证的真实性、合法性负责。对于一些重大的经济业务,还应经过本企业负责人签章,以示批准的职权。

5. 必须及时填制

原始凭证应在经济业务发生或完成时及时填制,并按规定的程序和手续传递至有关业务部门和会计部门,以便及时办理后续业务,并进行审核和记账。

(三)原始凭证的审核

为了保证原始凭证内容的真实性和合理性,一切原始凭证填制或取得后都应该按规定的程序及时送交会计部门,由会计主管人员审核。原始凭证的审核内容包括:

1. 审核原始凭证的真实性

即原始凭证上所有项目是否填全,有关人员或部门是否签章,摘要、金额是否填写清楚,金额计算是否正确,金额大写、小写是否一致等。

2. 审核原始凭证的合法性、合规性和合理性

即原始凭证所反映的经济业务是否符合国家颁发的有关财经法规、财会制度,是否有违法乱纪等行为。经审核的原始凭证应根据不同情况处理:①对于完全符合要求的原始凭证,应及时据以编制记账凭证入账。②对于真实、合法、合理但内容不够完整、填写有错误的原始凭证,应退回给有关经办人员,由其负责将有关凭证补充完整、更正错误或重开后,再办理正式会计手续。③对于不真实、不合法的原始凭证,会计机构、会计人员有权不予接受,并向单位负责人报告。

三、记账凭证填制与审核

由于原始凭证只表明经济业务的内容,而且种类繁多、数量庞大、格式不一,因而不能直接记账,需要编制记账凭证。从原始凭证到记账凭证是经济信息转换成

会计信息的过程,是会计的初始确认阶段。

(一)记账凭证的填制内容

记账凭证,是指对经济业务事项按其性质加以归类,确定会计分录,并据以登记会计账簿的凭证。记账凭证的内容包括:填制凭证的日期;凭证的名称和编号;经济业务事项摘要;应记录的会计科目、方向、金额;记账符号;记账凭证所附原始凭证的张数;记账凭证的填制人员、稽核人员、记账人员和会计主管人员的签名或印章。

(二)记账凭证的填制要求

记账凭证是登记账簿的依据,正确填制记账凭证,是保证账簿记录正确的基础。填制记账凭证应符合以下基本要求:

(1)审核无误。即在对原始凭证审核无误的基础上填制记账凭证。这是内部控制制度的一个重要环节。

(2)内容完整。即记账凭证应该包括的内容都要具备。应该注意的是:记账凭证的日期,一般为编制记账凭证当天的日期,按权责发生制原则计算收益、分配费用、结转成本利润等调整分录和结账分录的记账凭证,虽然需要到下一个月才能编制,但仍应填写当月月末的日期,以便在当月的账内进行登记。

(3)分类正确。即根据经济业务的内容,正确区别不同类型的原始凭证,正确应用会计科目。在此基础上,记账凭证可以根据每一张原始凭证填制,或者根据若干张同类原始凭证汇总编制,也可以根据原始凭证汇总表填制,但不能将不同内容和类别的原始凭证汇总填制在一张记账凭证上。

(4)连续编号。记账凭证编号的方法有多种,可以按现金收付、银行存款收付和转账业务三类分别编号,即"现字第×号"、"银字第×号"、"转字第×号",也可以按现金收入、现金支出、银行存款收入、银行存款支出和转账五类进行编号,即"现收字第×号"、"银收字第×号"、"现付字第×号"、"银付字第×号"、"转字第×号"。各单位应当根据本单位业务繁简程度、人员多寡和分工情况来选择便于记账、查账、内部稽核、简单严密的编号方法。无论采用哪一种编号方法,都应该按月顺序编号,即每月都从1号编起,顺序编至月末。记账凭证应连续编号。这有利于分清会计事项处理的先后,便于记账凭证与会计账簿之间的核对,确保记账凭证的完整。

(5)除结账和更正错误,记账凭证必须附有原始凭证并注明原始凭证的张数。

(6)一张原始凭证所列的支出需要由两个以上的单位共同负担时,应当由保存该原始凭证的单位开给其他应负担单位原始凭证分割单。

(7)记账凭证填制完经济业务事项后,如有空行,应当在金额栏自最后一笔金额数字下空行处至合计数上的空行处划线注销。

(8)摘要应与原始凭证内容一致,能正确反映经济业务的主要内容,表述简单精练。

(9)只涉及现金和银行存款之间收入或付出的经济业务,应以付款业务为主,只填制付款凭证,不填制收款凭证,以免重复。

(10)若记账之前发现记账凭证有错误,应重新编制正确的记账凭证,并将错误凭证作废或撕毁。已经登记入账的记账凭证,在当年内发现填写错误时,应用红字填写一张与原内容相同的记账凭证,在摘要栏注明"注销某月某日某号凭证",同时再用蓝字重新填制一张正确的记账凭证,注明"订正某月某日某号凭证"。如果会计科目没有错误,只是金额错误,也可以将正确数字与错误数字之间的差额,另编一张调整的记账凭证,调增金额用蓝字,调减金额用红字。发现以前年度的错误,应用蓝字填制一张更正的记账凭证。特殊情况:在出现以下经济业务时,要同时编制两种记账凭证。一是销售一批产品,现有一部分货款已收到,而另一部分货款没有收到。这时,应该同时编制收款凭证和转账凭证两种。二是业务人员出差回来后报销差旅费,余款退回。此时,也应该同时编制收款凭证和转账凭证两种。

(11)实行会计电算化的单位,其机制记账凭证应当符合对记账凭证的一般要求,并应认真审核,做到会计科目使用正确,数字准确无误。打印出来的机制记账凭证上,要加盖制单人员、审核人员、记账人员和会计主管人员印章或者签字,以明确责任。

(三)记账凭证的审核

记账凭证填制后,必须经过审核无误后,才能据以登记账簿。记账凭证审核的主要内容有:

(1)记账凭证是否附有原始凭证,所附原始凭证是否齐全,记账凭证的经济内容是否与所附的原始凭证的内容相符等。

(2)记账凭证中载明的业务内容是否合法、正常,应借应贷的账户是否正确。

(3)记账凭证上的项目是否填写清楚、完整,编号是否连续,有关人员的签章是否齐全。

四、各类记账凭证填制范例

记账凭证从不同的角度可以分成不同的种类。记账凭证按照记账凭证的使用范围可分为通用记账凭证和专用记账凭证。专用记账凭证按其所记录的经济业务是否与货币资金收付有关又可分为收款凭证、付款凭证和转账凭证三种。记账凭证按其是否经过汇总,可分为汇总记账凭证和非汇总记账凭证;常见的汇总记账凭证包括汇总收款凭证、汇总付款凭证、汇总转账凭证和科目汇总表。

(一)通用记账凭证

通用记账凭证可以用来反映所有经济业务的记账凭证。对于经营规模较小的单位,为了简化会计凭证,一般使用通用记账凭证进行核算。

1. 规范示例

采用通用记账凭证的单位,不论收款业务、付款业务还是转账业务,均采用同一种统一格式的记账凭证,不再根据经济业务的内容分别填制收款凭证、付款凭证和转账凭证。所有涉及货币资金收、付业务的记账凭证是由出纳员根据审核无误的原始凭证收、付款后填制的,涉及转账业务的记账凭证,是由有关会计人员根据审核无误的原始凭证填制的。通用记账凭证的特点是整个会计事项都反映在一张记账凭证,便于审核、保管和查阅。

[例2-1]2011年05月02日,福建宁新有限公司用银行存款支付广告费,请编制记账凭证(凭证编号:005)(见图2-1)。

2. 填制说明

在借贷记账法下,将经济业务所涉及的会计科目全部填列在"借方余额"或"贷方余额"栏内。借、贷方金额合计数应相等。制单人应在填制凭证完毕后签名盖章,并在凭证右侧填写所附原始凭证的张数。

通用记账凭证具体填制内容(见图2-2):①填写财会部门受理经济业务事项制证的日期。②填写凭证的编号。③填写能反映经济业务性质和特征的简要说明。④填写经济业务所涉及的会计科目,如果有明细科目的要填写清楚,并遵循"借方科目在先,贷方科目在后"原则。⑤将各会计科目所记应借应贷的金额填列,填制完经济业务事项后,如有空行,应当自金额栏最后一笔金额数字下的空行处至合计数上的空行处划线注销。⑥根据上面的金额进行加总,借、贷方金额合计数应该相等,并在数字前加"¥"。⑦填写所附原始凭证的张数。⑧制单人应在填制凭证后签章。⑨复核人在复核后签章。⑩由于没有涉及货币资金;所以本处出纳不用签章。⑪记账时负责记账的人应及时签章。⑫会计主管应在审核后签章。⑬过账的标记。

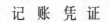

记 账 凭 证

记字第 005 号

2011 年05 月02 日

摘 要	总账科目	明细科目	借 方 金 额										贷 方 金 额										√
			亿	千	百	十	万	千	百	十	元	角	分	亿	千	百	十	万	千	百	十	元	角	分	
支付广告费	销售费用	广告费					2	0	0	0	0	0													☐
	银行存款	交通银行北京分行																2	0	0	0	0	0	☐
																								☐
																								☐
																								☐
合	计					¥	2	0	0	0	0	0					¥	2	0	0	0	0	0	☐

附单据 3 张

会计主管:　　　记账:　　　出纳:　　　复核:　　　制单: 杨梅

图 2 - 1　通用记账凭证编制范例

通 用 记 账 凭 证

② 字第 ② 号

① 年　① 月　① 日

摘 要	总账科目	明细科目	借 方 金 额										贷 方 金 额										√
			亿	千	百	十	万	千	百	十	元	角	分	亿	千	百	十	万	千	百	十	元	角	分	
③	④	④					⑤											⑤						⑬
																								☐
																								☐
																								☐
																								☐
																								☐
合	计						⑥																	☐

附单据 ⑦ 张

会计主管: ⑫　　记账: ⑪　　出纳: ⑩　　复核: ⑨　　制单: ⑧

图 2 - 2　通用记账凭证填制内容

（二）专用记账凭证

1. 收款凭证

收款凭证是仅填写货币资金收入的业务的凭证,是根据现金和银行存款收入业务的原始凭证编制、专门用来填制收款业务会计分录的记账凭证。收款凭证既可以作为登记库存现金或银行存款日记账及有关明细账的依据,也是出纳员收款的证明凭证。

（1）规范示例。根据现金收入业务的原始凭证编制的收款凭证,称为现金收款凭证。根据银行存款业务的原始凭证编制的收款凭证,称为银行存款收款凭证。

［例 2 - 2］2011 年 07 月 25 日,福建宁新有限公司销售二丙烯基醚产品一批,货款已收,请编制收款凭证（见图 2 - 3）（凭证编号:085）。

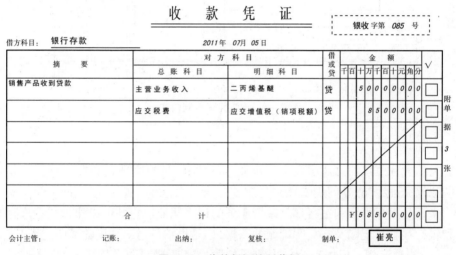

图 2 - 3　收款凭证编制范例

（2）填制说明。在借贷记账法下,在收款凭证左上方所填列的借方科目,应是"库存现金"或"银行存款"科目。在凭证内所反映的贷方科目,应填列与"库存现金"或"银行存款"相对应的科目。金额栏填列经济业务实际发生的数额,在凭证的右侧填写所附原始凭证的张数,并在出纳及制单处签名或盖章。

收款凭证具体填制内容见图 2 - 4:①填写财会部门受理经济业务事项制证的日期。②根据贷方科目的类型填写"现收"或"银收"字和已填写凭证的顺序编号。③根据业务类型填写借方科目:"库存现金"或"银行存款"。④填写能反映经济业务性质和特征的简要说明。⑤填写经济业务所涉及的对方会计科目,如果有明细科目的要填写清楚。⑥根据经济业务判断填写:"借"或"贷"。⑦填列各会计科目的应借或应贷的金额。填制完经济业务事项后,如有空行,应当自金额栏最后一笔金额数字下的空行处至合计数上的空行处划线注销。⑧填写合计数,并在数字前加"¥"。⑨填写所附原始凭证的张数。⑩制单人(出纳)应在填制凭证后在制单(出纳)处签章。⑪复核人在复核后签章。⑫入账时负责入账的人应及时签章。⑬会计主管应在审核后签章。⑭过账的标记。

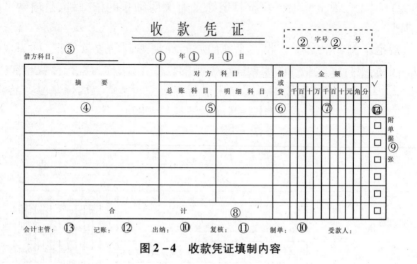

图2-4 收款凭证填制内容

2. 付款凭证

付款凭证是仅填写货币资金付出业务的凭证,是根据现金和银行存款付款业务的原始凭证编制、专门用来填列付款业务会计分录的记账凭证。付款凭证是专门用来记载库存现金和银行存款减少业务的记账凭证。它既可以作为登记库存现金和银行存款日记账及有关明细账的依据,也是出纳员付出款项的证明凭证。

(1)规范示例。根据现金付出业务的原始凭证编制的付款凭证,称为现金付款凭证;根据银行存款付款业务的原始凭证编制的付款凭证,称为银行存款付款凭证。对于现金和银行存款之间以及各种银行存款之间相互划转业务(如将现金存入银行,或者从银行提取现金的业务),一般只填制一张付款凭证,不再编制收款凭证。

[例2-3]2011年07月05日,福建宁新有限公司管理部门以现金购买办公用品,请编制付款凭证,见图2-5(凭证编号:009)。

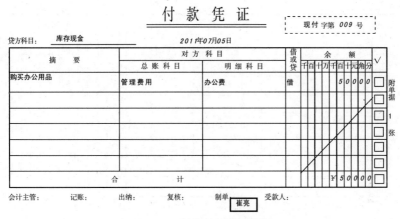

付 款 凭 证

现付 字第 *009* 号

贷方科目： 库存现金   201 年07月05日

摘要	对方科目		借或贷	余额		√	
	总账科目	明细科目		千百十万千百十元角分			
购买办公用品	管理费用	办公费	借	50000		□	附单据
						□	
						□	1
						□	张
						□	
						□	
合　　　计				¥50000		□	

会计主管：　　记账：　　　出纳：　　　复核：　　　制单 崔亮　　受款人：

图2-5 付款凭证编制范例

（2）填制说明。在借贷记账法下，在付款凭证左上方所填列的贷方科目，应填写"库存现金"或"银行存款"科目，在凭证内所反映的借方科目，应填列与"库存现金"或"银行存款"相对应的科目。金额栏填列经济业务实际发生的数额，在凭证的右侧填写所附原始凭证的张数，并在出纳及制单处签名或盖章。

付款凭证具体填制内容见图2-6：①填写财会部门受理经济业务事项制证的日期。②根据贷方科目的类型填写"现付"或"银付"字和已填写凭证的顺序编号。③根据业务类型填写贷方科目："库存现金"或"银行存款"。④填写能反映经济业务性质和特征的简要说明。⑤填写经济业务所涉及的对方会计科目，如果有明细科目的要填写清楚。⑥根据经济业务判断填写："借"或"贷"。⑦将各会计科目所记应借应贷的金额填列，填制完经济业务事项后，如有空行，应当自金额栏最后一笔金额数字下的空行处至合计数上的空行处划线注销。⑧填写合计数，并在数字前加"¥"。⑨填写所附原始凭证的张数。⑩制单人（出纳）应在填制凭证后在制单（出纳）处签章。⑪复核人在复核后签章。⑫记账时负责记账的人应及时签章。⑬会计主管应在审核后签章。⑭过账的标记。

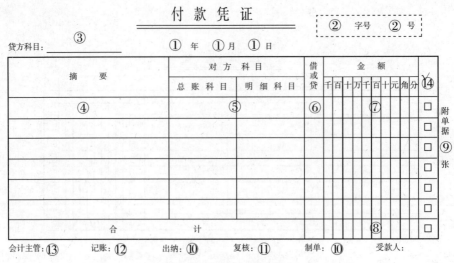

付 款 凭 证

贷方科目：____③____   ① 年 ① 月 ① 日   ┌─────────────┐ ② 字号 ② 号 └─────────────┘

摘　　要	对 方 科 目		借或贷	金　额	√
	总账科目	明细科目		千百十万千百十元角分	
④	⑤		⑥	⑦	□
					□
					□
					□
					□
					□
合　　计				⑧	□

附单据 ⑨ 张

会计主管：⑬　　记账：⑫　　出纳：⑩　　复核：⑪　　制单：⑩　　受款人：

图 2-6　付款凭证填制内容

3.转账凭证

转账凭证是用来反映非货币资金业务的凭证。转账凭证是根据有关转账业务的原始凭证填制的，是登记总分类账和明细分类账的依据。

（1）规范示例。转账凭证是用以记录与货币资金收付无关的转账业务的凭证，它是由会计人员根据审核无误的转账原始凭证填制的。

[例2-4]2011年07月15日，福建宁新有限公司按实际成本计价法采购材料一批，已入库，款项尚未支付，请编制凭证，见图2-7（凭证编号：054）。

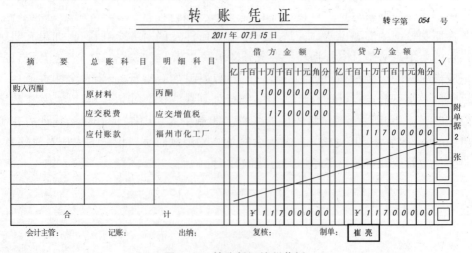

转 账 凭 证

转字第　054　号

2011 年 07 月 15 日

摘　　要	总 账 科 目	明 细 科 目	借 方 金 额	贷 方 金 额	√
			亿千百十万千百十元角分	亿千百十万千百十元角分	
购入丙酮	原材料	丙酮	1 0 0 0 0 0 0 0		□
	应交税费	应交增值税	1 7 0 0 0 0		□
	应付账款	福州市化工厂		1 1 7 0 0 0 0 0	□
					□
					□
合　　　　计			￥1 1 7 0 0 0 0 0	￥1 1 7 0 0 0 0 0	□

附单据2张

会计主管：　　记账：　　出纳：　　复核：　　制单：崔亮

图 2-7　转账凭证编制范例

（2）填制说明。在借贷记账法下,将经济业务所涉及的会计科目全部填列在凭证内,借方科目在先,贷方科目在后,将各会计科目所记应借应贷的金额填列在"借方金额"或"贷方金额"栏内。借、贷方金额合计数应该相等。制单人应在填制凭证后签名盖章,并在凭证的右侧填写所附凭证的张数。

转账凭证具体填制内容见图2-8:①填写财会部门受理经济业务事项制证的日期。②填写凭证的编号。③填写能反映经济业务性质和特征的简要说明。④填写经济业务所涉及的对方会计科目,如果有明细科目的要填写清楚,并遵循"借方科目在先,贷方科目在后"原则。⑤将各会计科目所记应借应贷的金额填列,填制完经济业务事项后,如有空行,应当自金额栏最后一笔金额数字下的空行处至合计数上的空行处划线注销。⑥根据上面的金额进行加总得到借、贷方金额合计数应该相等,并在数字前加"￥"。⑦填写所附原始凭证的张数。⑧制单人应在填制凭证后签章。⑨复核人在复核后签章。⑩由于没有涉及货币资金,所以本处不用签章。⑪入账时负责入账的人应及时签章。⑫会计主管应在审核后签章。⑬过账的标记。

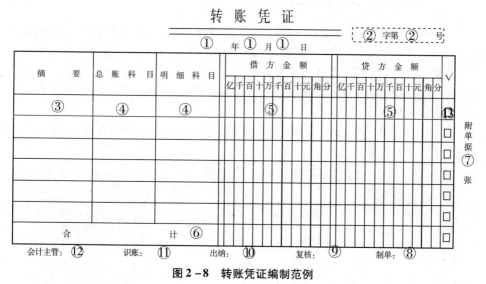

图2-8　转账凭证编制范例

（三）汇总记账凭证

汇总记账凭证是根据一定时期内同类单一记账凭证,定期加以汇总而重新编制的记账凭证。它包括根据所有收款凭证编制汇总收款凭证、根据所有付款凭证编制汇总付款凭证和根据所有转账凭证编制汇总转账凭证。

1. 汇总收款凭证规范示例和填制说明

汇总收款凭证是指依据"现金"和"银行存款"科目的借方分别设置的一种汇总记账凭证,其汇总了一定时期内现金和银行存款的收款业务。现金、银行存款的汇总收款凭证,应根据现金、银行存款的收款凭证,分别以现金、银行存款账户的借方设置,并按其对应的贷方科目归类汇总。汇总收款凭证定期(五天或十天)填制一次。

2. 汇总付款凭证规范示例和填制说明

汇总付款凭证是指按"库存现金"和"银行存款"科目的贷方分别设置的一种记账凭证,其汇总了一定时期内现金和银行存款的付款业务。现金、银行存款的汇总付款凭证,应根据现金、银行存款的付款凭证,分别按现金、银行存款科目的贷方设置,并按其对应的借方科目归类汇总。汇总付款凭证定期(五天或十天)填制一次。

3. 汇总转账凭证规范示例和填制说明

汇总转账凭证是按照每一个贷方科目分别设置的,是用来汇总一定期间内转账业务的一种汇总记账凭证。需要注意的是,为了便于填制汇总转账凭证,平时填制转账凭证时,应使科目的对应关系保持一个贷方科目同一个或几个借方科目相对应的会计分录,即一借一贷或多借一贷的转账凭证,不要出现一借多贷的科目对应关系的转账凭证。

[例2-5]2011年12月,福建宁新有限公司本月专用记账凭证如下,见图2-9至图2-18,共10张。

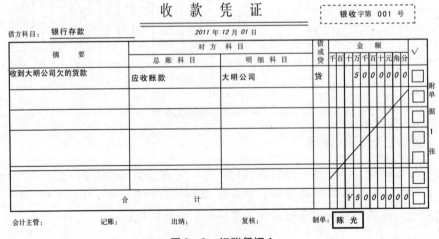

图2-9 记账凭证1

收 款 凭 证

银收字第 002 号

借方科目：__银行存款__

2011年 12月 08日

摘　　要	对方科目		借或贷	金　额	√
	总账科目	明细科目		千百十万千百十元角分	
收到货款	应收账款	北京职业中专学校	贷	4 6 8 0 0 0 0	□
					□
					□
					□
					□
					□
合　　　　计				￥4 6 8 0 0 0 0	□

附单据 1 张

会计主管：　　　记账：　　　出纳：　　　复核：　　　制单：陈 光

图 2-10　记账凭证 2

收 款 凭 证

现收字第 001 号

借方科目：__库存现金__

2011年 12月 20日

摘　　要	对方科目		借或贷	金　额	√
	总账科目	明细科目		千百十万千百十元角分	
收到职工还款	其他应收款	张刚	贷	8 0 0 0	□
					□
					□
					□
					□
					□
合　　　　计				￥8 0 0 0	□

附单据 1 张

会计主管：　　　记账：　　　出纳：　　　复核：　　　制单：陈 光

图 2-11　记账凭证 3

付 款 凭 证

银付 字第 *001* 号

贷方科目： 银行存款　　　　　　　　　　　　 *2011* 年 *12* 月 *02* 日

摘　要	对 方 科 目		借或贷	金　额		√	
	总 账 科 目	明 细 科 目		千百十万千百十元角分			
支付欠北京百货的货款	应付账款	北京百货有限公司	借	¥3 0 0 0 0 0 0		☐	附单据1张
						☐	
						☐	
						☐	
						☐	
合　　　　　计				¥3 0 0 0 0 0 0		☐	

会计主管：　　记账：　　出纳：　　复核：　　制单：陈 光　受款人：

图 2－12　记账凭证 4

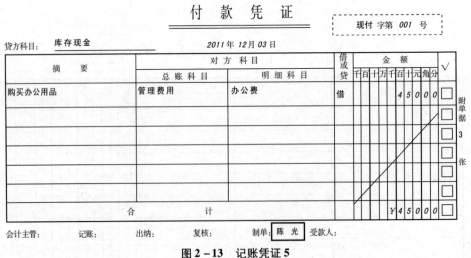

付 款 凭 证

现付 字第 *001* 号

贷方科目： 库存现金　　　　　　　　　　　　 *2011* 年 *12* 月 *03* 日

摘　要	对 方 科 目		借或贷	金　额		√	
	总 账 科 目	明 细 科 目		千百十万千百十元角分			
购买办公用品	管理费用	办公费	借	¥4 5 0 0 0		☐	附单据3张
						☐	
						☐	
						☐	
						☐	
合　　　　　计				¥4 5 0 0 0		☐	

会计主管：　　记账：　　出纳：　　复核：　　制单：陈 光　受款人：

图 2－13　记账凭证 5

付 款 凭 证

银付 字第 *002* 号

贷方科目: 银行存款   *2011年 12 月 30日*

摘 要	对 方 科 目		借或贷	金 额									√	
	总 账 科 目	明 细 科 目		千	百	十	万	千	百	十	元	角	分	
提取现金备发工资	库存现金		借			1	0	0	0	0	0	0		□ 附单据
														□ 据
														□ 1
														□ 张
														□
														□
合 计					¥	1	0	0	0	0	0	0		□

会计主管: 记账: 出纳: 复核: 制单 陈 光   受款人:

图 2－14　记账凭证 6

付 款 凭 证

现付 字第 *002* 号

贷方科目: 库存现金   *2011年 12 月 30日*

摘 要	对 方 科 目		借或贷	金 额									√	
	总 账 科 目	明 细 科 目		千	百	十	万	千	百	十	元	角	分	
支付工资	应付职工薪酬	工资	借			1	0	0	0	0	0	0		□ 附单据
														□ 据
														□ 1
														□ 张
														□
														□
合 计					¥	1	0	0	0	0	0	0		□

会计主管: 记账: 出纳: 复核: 制单 陈 光   受款人:

图 2－15　记账凭证 7

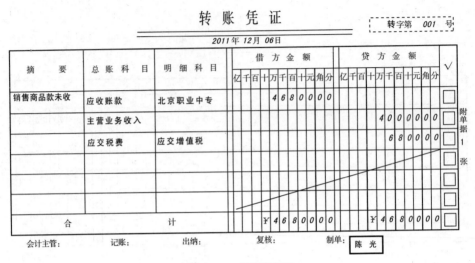

转 账 凭 证　　　　转字第　001　号

2011年 12月 06日

摘　要	总账科目	明细科目	借方金额 亿千百十万千百十元角分	贷方金额 亿千百十万千百十元角分	√
销售商品款未收	应收账款	北京职业中专	4 6 8 0 0 0 0		□
	主营业务收入			4 0 0 0 0 0 0	□
	应交税费	应交增值税		6 8 0 0 0 0	□
					□
					□
					□
合　　　　　计			¥ 4 6 8 0 0 0 0	¥ 4 6 8 0 0 0 0	□

附单据 1 张

会计主管:　　　记账:　　　出纳:　　　复核:　　　制单: 陈 光

图 2 - 16　记账凭证 8

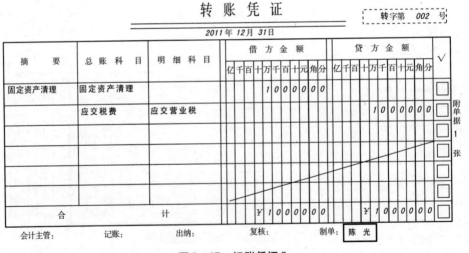

转 账 凭 证　　　　转字第　002　号

2011年 12月 31日

摘　要	总账科目	明细科目	借方金额 亿千百十万千百十元角分	贷方金额 亿千百十万千百十元角分	√
固定资产清理	固定资产清理		1 0 0 0 0 0 0		□
	应交税费	应交营业税		1 0 0 0 0 0 0	□
					□
					□
					□
					□
合　　　　　计			¥ 1 0 0 0 0 0 0	¥ 1 0 0 0 0 0 0	□

附单据 1 张

会计主管:　　　记账:　　　出纳:　　　复核:　　　制单: 陈 光

图 2 - 17　记账凭证 9

转 账 凭 证

2011年 12月 31日

摘 要	总账科目	明细科目	借方金额 亿千百十万千百十元角分	贷方金额 亿千百十万千百十元角分	√
计提营业税	营业税金及附加		3 6 0 0 0 0		☐
	应交税费	应缴营业税		3 6 0 0 0 0	☐
					☐
					☐
					☐
					☐
合 计			¥ 3 6 0 0 0 0	¥ 3 6 0 0 0 0	☐

附单据 1 张

会计主管: 记账: 出纳: 复核: 制单: 陈光

图 2-18 记账凭证 10

要求:

(1)请根据以上收款凭证编制汇总收款凭证(银行存款和库存现金分开编制汇总收款凭证),见图 2-19 至图 2-20。

(2)请根据以上付款凭证编制汇总付款凭证(银行存款和库存现金分开编制汇总付款凭证),见图 2-21 至图 2-22。

(3)请根据以上转账凭证编制汇总转账凭证(汇总转账凭证一般按贷方科目进行汇总),见图 2-23 至图 2-24。

汇总收款凭证

借方账户:银行存款 2011 年 12月 第 1 号

贷方账户	金 额				总账页数	
	1~10日	11~20日	21~31日	合 计	借 方	贷 方
应收账款	96800.00			96800.00		
附件	(1)自 01 日至 10 日 银收凭证共 2 张					
	(2)自 11 日至 20 日 银收凭证共 0 张					
	(3)自 21 日至 31 日 银收凭证共 0 张					

图 2-19 汇总收款凭证 1

汇总收款凭证

借方账户:库存现金　　　　　　　　2011 年 12月　　　　　　　　　第　2　号

贷方账户	金　额				总账页数	
	1~10日	11~20日	21~31日	合　计	借　方	贷　方
其他应收款		80.00		80.00		

附件	(1)自　01 日至　10 日　现收凭证共　0张
	(2)自　11 日至　20 日　现收凭证共　1张
	(3)自　21 日至　31 日　现收凭证共　0张

图 2 - 20　汇总收款凭证 2

汇总付款凭证

贷方账户:银行存款　　　　　　　　2011 年 12月　　　　　　　　　第　1　号

借方账户	金　额				总账页数	
	1-10日	11-20日	21-31日	合　计	借　方	贷　方
应付账款	30000.00			30000.00		
库存现金			10000.00	10000.00		

附件.	(1)自　01 日至　10 日　银付凭证共　1张
	(2)自　11 日至　20 日　银付凭证共　0张
	(3)自　21 日至　31 日　银付凭证共　1张

图 2 - 21　汇总付款凭证 1

汇总付款凭证

贷方账户:库存现金　　　　　　　　2011年12月　　　　　　　　第 2 号

借方账户	金　额				总账页数	
	1~10日	11~20日	21~31日	合　计	借　方	贷　方
管理费用	450.00			450.00		
应付职工薪酬			10000.00	10000.00		

附件
(1)自　01日至　10日　现付凭证共　1张
(2)自　11日至　20日　现付凭证共　0张
(3)自　21日至　31日　现付凭证共　1张

图 2-22　汇总付款凭证 2

汇总转账凭证

贷方账户:主营业务收入　　　　　　　2011年12月　　　　　　　　第 1 号

借方账户	金　额				总账页数	
	1~10日	11~20日	21~31日	合　计	借　方	贷　方
应收账款	40000.00			40000.00		

附件
(1)自　01日至　10日　转账凭证共　1 张
(2)自　11日至　20日　转账凭证共　0 张
(3)自　21日至　31日　转账凭证共　0 张

图 2-23　汇总转账凭证 1

汇总转账凭证

贷方账户:应缴税费　　　　　　　　2011年12月　　　　　　　　第 2 号

借方账户	金 额				总账页数	
	1~10日	11~20日	21~31日	合 计	借 方	贷 方
应收账款	6800.00			6800.00		
固定资产清理		10000.00		10000.00		
营业税金及附加			3600.00	3600.00		

附件　(1)自　01日至　10日　转账 凭证共　1 张
　　　(2)自　11日至　20日　转账 凭证共　1 张
　　　(3)自　21日至　31日　转账 凭证共　1 张

图 2-24　汇总转账凭证 2

4.科目汇总表

科目汇总表是根据当期所有收款凭证、付款凭证和转账凭证(或所有通用记账凭证),按照相同的会计科目归类,定期(每5天或每旬4)汇总编制。

[例2-6]请根据例2-5的收款凭证、付款凭证、转账凭证(共10张记账凭证)编制本月科目汇总表(见图2-25)。

科 目 汇 总 表

2011年 12月 01日 至 12月 31日

编号：

会计科目	总页	借方金额										贷方金额									
---	---	十亿	千	百	十	万	千	百	十	元	角	分	十亿	千	百	十	万	千	百	十	元	角	分
库存现金					1	0	0	8	0	0	0	0	0				1	0	4	5	0	0	0	0	0
银行存款						9	6	8	0	0	0	0	0				4	0	0	0	0	0	0	0	0
应收账款						4	6	8	0	0	0	0	0					9	6	8	0	0	0	0	0
其他应收款																				8	0	0	0	0	0
应付账款							3	0	0	0	0	0	0	0										
管理费用								4	5	0	0	0	0	0										
应付职工薪酬					1	0	0	0	0	0	0	0	0				4	0	0	0	0	0	0	0	0
主营业务收入																			2	0	4	0	0	0
应交税费																						
固定资产清理					1	0	0	0	0	0	0	0	0										
营业税金及附加								3	6	0	0	0	0	0										
合　计					2	0	7	7	3	0	0	0	0	0			2	0	7	7	3	0	0	0	0

财会主管　　　　　记账　　　　　复核　　　　　制表　王明

图2-25 科目汇总表

第三章　登记账簿

账簿是以会计凭证为依据,由具有一定格式、相互联结的账页所组成,用于全面、连续、系统、科学地记录和反映各单位经济活动的簿籍。账页是账户的载体,根据审核无误的记账凭证据以登记入账。设置和登记账簿是会计核算的方法之一,是会计核算工作的重要环节。

一、会计账簿种类

账簿的种类繁多,不同的账簿,其用途、形式、内容和登记方法都各不相同。为了更好地了解和使用各种账簿,有必要对账簿进行分类。账簿按其用途可以分为分类账、日记账和备查簿三种。分类账又可以分为总分类账和明细分类账。备查簿是对某些在日记账和分类账等主要账簿中未能记录或记载不全的经济业务进行补充登记的账簿,是一种辅助性的账簿,它可以为经营管理者提供必要的参考资料,例如应收票据备查簿、租入固定资产备查簿等,没有固定格式,它与其他账簿之间不存在依存和钩稽关系。下面重点介绍分类账、日记账和明细账,备查簿不再作介绍。

(一) 总账

总账是总分类账的简称,是根据总分类科目开设账户,用来登记全部经济业务,进行总分类核算,提供总括核算资料的分类账簿。总分类账所提供的核算资料,是编制会计报表的主要依据,任何单位都必须设置总分类账。

总账最常用的格式为三栏式,即分为借方金额、贷方金额、余额三栏,并在余额栏前设余额方向栏。总分类账一般使用订本式。总分类账的账页格式,也可以采用多栏式格式,如把序时记录和总分类记录结合在一起的联合账簿,即日记总账。

(二) 日记账

日记账分为现金日记账和银行存款日记账。现金日记账是专门用来记录现金收支业务的一种序时账簿。银行存款日记账是专门用来记录银行存款收支业务的一种序时账簿。现金日记账和银行存款日记账必须采用订本式账簿,其账页格式一般采用"收入"(借方)、"支出"(贷方)和"余额"三栏式。现金日记账也可以采用多栏式的格式。

(三)明细分类账

明细分类账是登记某类经济业务详细情况的账簿。其格式主要有三栏式明细分类账、数量金额式明细分类账、多栏式明细分类账。

三栏式明细账的基本结构为"借方"、"贷方"和"余额"三栏,分别登记金额的增加、减少和结余,其不设数量栏。这种格式的明细账只适用于登记金额,不反映数量的资本、债权、债务等科目,如"应收账款"、"应付账款"等明细账可采用此种格式。

多栏式明细账是根据企业经济业务和经营管理的需要,以及业务的性质和特点,在一张账页自设若干专栏,集中反映某一总账的各明细核算的详细资料。这种格式的明细账适用于费用、成本和收入成果等科目的明细账核算,如"管理费用"、"生产成本"等科目都可以采用这种格式进行明细核算。

数量金额式明细账是对具有实物形态的财产物资进行明细核算的账册,在收入、发出和结存都分别设有数量、单价和金额三个专栏。这种格式的明细账适用于既需要反映金额又需要反映数量的经济业务,如对"原材料"、"库存商品"、"固定资产"等总账科目的明细分类核算,采用数量金额式明细账。

二、总分类账登记范例

总分类账是按一级会计科目设置,提供总括资料的账簿,总分类账簿只能以货币作为计量单位。其最常用的格式为三栏式,即借方金额、贷方金额、余额三栏。

(一)规范示例

总账的登记依据和方法,主要取决于所采用的会计核算形式。主要有三种登记方法:直接根据各种记账凭证逐笔登记;把记账凭证按照一定方式进行汇总,编制成科目汇总表据以登记;把记账凭证按照一定方式进行汇总,编制汇总记账凭证据以登记。

1. 记账凭证账务处理程序

记账凭证账务处理程序是根据经济业务发生以后所填制的各种记账凭证,直接逐笔登记总分类账,并定期编制会计报表的一种账务处理程序。

[例3-1]本月有关银行存款业务的记账凭证见图3-1至图3-10。

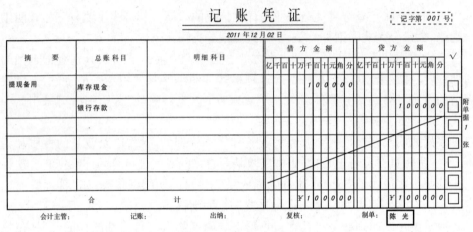

图3-1　记账凭证1

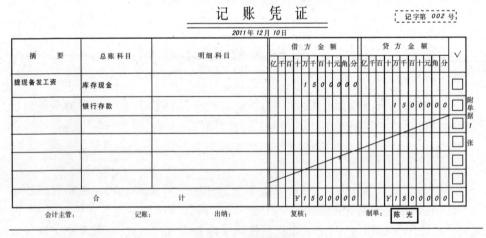

图3-2　记账凭证2

记 账 凭 证

2011年 12月 10日

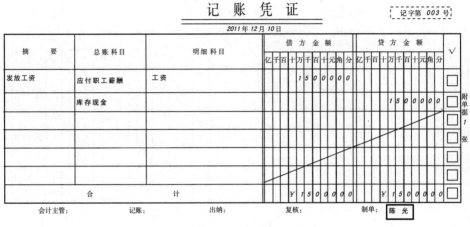

摘　要	总账科目	明细科目	借方金额 亿千百十万千百十元角分	贷方金额 亿千百十万千百十元角分	√
发放工资	应付职工薪酬	工资	1 5 0 0 0 0 0		□
	库存现金			1 5 0 0 0 0 0	□
					□
					□
					□
					□
合　　　计			¥1 5 0 0 0 0 0	¥1 5 0 0 0 0 0	□

附单据 1 张

会计主管：　　　记账：　　　出纳：　　　复核：　　　制单： 陈 光

图 3-3　记账凭证 3

记 账 凭 证

2011年 12月 15日

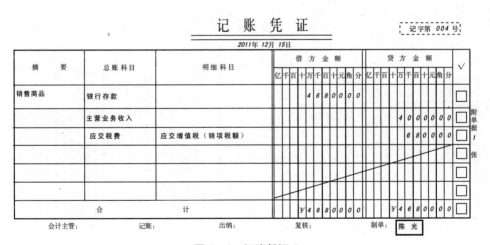

摘　要	总账科目	明细科目	借方金额 亿千百十万千百十元角分	贷方金额 亿千百十万千百十元角分	√
销售商品	银行存款		4 6 8 0 0 0 0		□
	主营业务收入			4 0 0 0 0 0 0	□
	应交税费	应交增值税（销项税额）		6 8 0 0 0 0	□
					□
					□
					□
合　　　计			¥4 6 8 0 0 0 0	¥4 6 8 0 0 0 0	□

附单据 1 张

会计主管：　　　记账：　　　出纳：　　　复核：　　　制单： 陈 光

图 3-4　记账凭证 4

记 账 凭 证

记字第 *005* 号

2011年 12月 30日

摘 要	总账科目	明细科目	借 方 金 额	贷 方 金 额	√
			亿千百十万千百十元角分	亿千百十万千百十元角分	
支付水电费	管理费用	水电费	1 0 0 0 0 0		□
	银行存款			1 0 0 0 0 0	□
					□
					□
					□
					□
合 计			¥ 1 0 0 0 0 0	¥ 1 0 0 0 0 0	□

附单据 1 张

会计主管:　　　记账:　　　出纳:　　　复核:　　　制单: 陈 光

图 3 – 5 记账凭证 5

记 账 凭 证

记字第 *006* 号

2011年 12月 31日

摘 要	总账科目	明细科目	借 方 金 额	贷 方 金 额	√
			亿千百十万千百十元角分	亿千百十万千百十元角分	
结转销售成本	主营业务成本		1 0 0 0 0 0 0		□
	库存商品	计数器		1 0 0 0 0 0 0	□
					□
					□
					□
					□
合 计			¥ 1 0 0 0 0 0 0	¥ 1 0 0 0 0 0 0	□

附单据 1 张

会计主管:　　　记账:　　　出纳:　　　复核:　　　制单: 陈 光

图 3 – 6 记账凭证 6

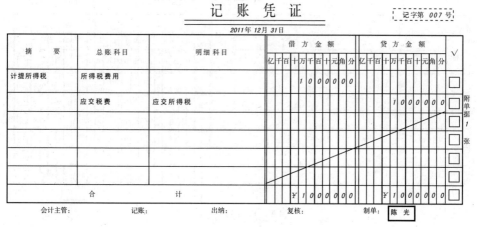

记 账 凭 证

记字第 *007* 号

2011年 12月 31日

摘 要	总账科目	明细科目	借方金额										贷方金额										√
			亿	千	百	十	万	千	百	十	元	角	分	亿	千	百	十	万	千	百	十	元	角	分	
计提所得税	所得税费用					1	0	0	0	0	0	0													☐
	应交税费	应交所得税															1	0	0	0	0	0	0	☐
																								☐
																								☐
																								☐
	合	计				¥	1	0	0	0	0	0	0				¥	1	0	0	0	0	0	0	☐

附单据 1 张

会计主管: 记账: 出纳: 复核: 制单: 陈光

图 3 - 7 记账凭证 7

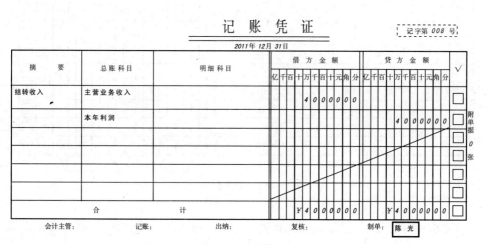

记 账 凭 证

记字第 *008* 号

2011年 12月 31日

摘 要	总账科目	明细科目	借方金额										贷方金额										√
			亿	千	百	十	万	千	百	十	元	角	分	亿	千	百	十	万	千	百	十	元	角	分	
结转收入	主营业务收入					4	0	0	0	0	0	0													☐
	本年利润																4	0	0	0	0	0	0	☐
																								☐
																								☐
																								☐
	合	计				¥	4	0	0	0	0	0	0				¥	4	0	0	0	0	0	0	☐

附单据 0 张

会计主管: 记账: 出纳: 复核: 制单: 陈光

图 3 - 8 记账凭证 8

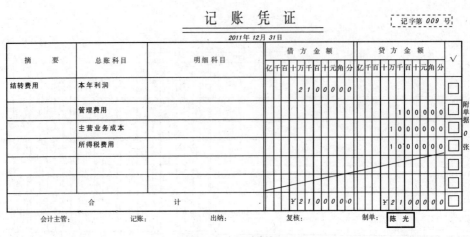

记 账 凭 证   记字第 009 号

2011年 12月 31日

摘 要	总账科目	明细科目	借方金额	贷方金额	√
			亿千百十万千百十元角分	亿千百十万千百十元角分	
结转费用	本年利润		2 1 0 0 0 0 0		□
	管理费用			1 0 0 0 0 0	□
	主营业务成本			1 0 0 0 0 0	□
	所得税费用			1 0 1 0 0 0 0	□
					□
					□
合 计			￥ 2 1 0 0 0 0 0	￥ 2 1 0 0 0 0 0	□

会计主管: 记账: 出纳: 复核: 制单: 陈 光

图 3 - 9　记账凭证 9

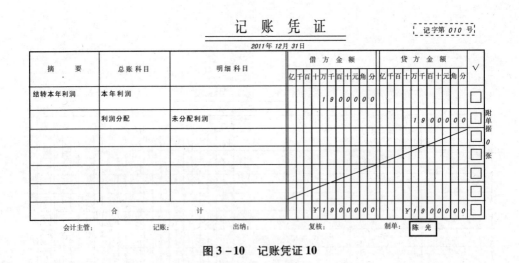

记 账 凭 证   记字第 010 号

2011年 12月 31日

摘 要	总账科目	明细科目	借方金额	贷方金额	√
			亿千百十万千百十元角分	亿千百十万千百十元角分	
结转本年利润	本年利润		1 9 0 0 0 0 0		□
	利润分配	未分配利润		1 9 0 0 0 0 0	□
					□
					□
					□
					□
合 计			￥ 1 9 0 0 0 0 0	￥ 1 9 0 0 0 0 0	□

会计主管: 记账: 出纳: 复核: 制单: 陈 光

图 3 - 10　记账凭证 10

　　要求:请根据本月记账凭证中有关银行存款业务的记账凭证,按顺序登记总账银行存款账页和主营业务收入账页,并结账(见图 3 - 11 至图 3 - 12)。

分页：2　总页：

总分类账

科目：银行存款

2011年		凭证		摘要	借方 亿千百十万千百十元角分	贷方 亿千百十万千百十元角分	借或贷	余额 亿千百十万千百十元角分	√
月	日	字	号						
12	01			承前页	5 9 0 0 0 0 0 0	5 5 0 0 0 0 0 0	借	3 0 0 0 0 0 0 0	□
12	02	记	001	提现备用		1 0 0 0 0 0	借	2 9 9 0 0 0 0 0	□
12	10	记	002	提现备发工资		1 5 0 0 0 0 0	借	2 8 4 0 0 0 0 0	□
12	15	记	004	销售商品	4 6 8 0 0 0 0 0		借	3 3 0 8 0 0 0 0	□
12	30	记	005	支付水电费		1 0 0 0 0 0	借	3 2 9 8 0 0 0 0	□
12	31			本月合计	4 6 8 0 0 0 0 0	1 7 0 0 0 0 0	借	3 2 9 8 0 0 0 0	□
									□
									□
									□
									□

图3-11　记账凭证账务处理程序下银行存款总账登记示例

分页：6　总页：

总分类账

科目：主营业务收入

2011年		凭证		摘要	借方 亿千百十万千百十元角分	贷方 亿千百十万千百十元角分	借或贷	余额 亿千百十万千百十元角分	√
月	日	字	号						
12	01			承前页	4 0 0 0 0 0 0 0	4 0 0 0 0 0 0 0	平		□
12	15	记	004	销售商品		4 0 0 0 0 0 0	贷	4 0 0 0 0 0 0	□
12	31	记	008	结转收入	4 0 0 0 0 0 0		平	0	□
12	31			本月合计	4 0 0 0 0 0 0		平	0	□
									□
									□
									□
									□
									□

图3-12　记账凭证账务处理程序下主营业务收入总账登记示例

2. 科目汇总表账务处理程序

科目汇总表账务处理程序是根据各种记账凭证先定期（或月末一次）按会计科目汇总编制科目汇总表，然后再根据科目汇总表登记总分类账，并定期编制会计报表的账务处理程序。

[例3-2]本月科目汇总表见图3-13。

科 目 汇 总 表

2011年 4月 1日至 4月 30日

凭证号数	编号：	附件共	张
	第	号至	号共 张
	第	号至	号共 张
	第	号至	号共 张

会计科目	总页	借方金额	贷方金额	会计科目	总页	借方金额	贷方金额
银行存款		200000	800000				
应收账款			1000000 0				
短期借款		1000000 0	500000 0				
应付账款		500000 0	1000000 0				

图 3 - 13 科目汇总表

要求：请根据本月科目汇总表登记银行存款总分类账（见图 3 - 14）。

分页： 2 总页：

总分类账

科目：银行存款

2011年		凭证		摘要	借方	贷方	借或贷	余额	√
月	日	字	号		亿千百十万千百十元角分	亿千百十万千百十元角分		亿千百十万千百十元角分	
04	01			承前页	1000000 00	900000 00	借	1490000 00	
04	30	科汇		4月科目汇总表	200000	800000	借	1430000 00	
04	30			本月合计	200000	800000	借	1430000 00	

图 3 - 14 科目汇总表账务处理程序下银行存款总账登记示例

3. 汇总记账凭证账务处理程序

汇总记账凭证账务处理程序是根据各种专用记账凭证定期汇总编制汇总记账凭证，然后根据汇总记账凭证登记总分类账，并定期编制会计报表的一种账务处理程序。

[例 3 - 3]本月汇总记账凭证中涉及应付票据科目的所有凭证见图 3 - 15 至图 3 - 19。

汇总付款凭证

货方账户：银行存款　　　　　　　　　2011年03月　　　　　　　　　第　1　号

借方账户	金　额				总账页数	
	1-10日	11-20日	21-31日	合　计	借　方	贷　方
应付账款	30000.00			30000.00		
库存现金			10000.00	10000.00		
应付票据	15000.00			15000.00		

附件	（1）自　1日至　10日　银付凭证共　　2张
	（2）自　11日至　10日　银付凭证共　　0张
	（3）自　21日至　31日　银付凭证共　　1张

图 3-15　汇总记账凭证 1

汇总付款凭证

货方账户：库存现金　　　　　　　　　2011年03月　　　　　　　　　第　2　号

借方账户	金　额				总账页数	
	1-10日	11-20日	21-31日	合　计	借　方	贷　方
管理费用	450.00			450.00		
应付职工薪酬			10000.00	10000.00		
应付票据		5000.00		5000.00		

附件	（1）自　1日至　10日　银付凭证共　　1张
	（2）自　11日至　20日　银付凭证共　　1张
	（3）自　21日至　31日　银付凭证共　　2张

图 3-16　汇总记账凭证 2

汇总收款凭证

借方账户：银行存款　　　　　　　　　　　2011年03月　　　　　　　　　　　第　5　号

贷方账户	金　额				总账页数	
	1－10日	11－20日	21－31日	合　计	借　方	贷　方
应付票据	20000.00			20000.00		
预收账款		96800.00		96800.00		
附件	（1）自　1日至　　10日　　银付凭证共　　1张 （2）自　11日至　　20日　　银付凭证共　　1张 （3）自　21日至　　31日　　银付凭证共　　0张					

图 3 - 17　汇总记账凭证 3

汇总收款凭证

借方账户：库存现金　　　　　　　　　　　2011年03月　　　　　　　　　　　第　6　号

贷方账户	金　额				总账页数	
	1－10日	11－20日	21－31日	合　计	借　方	贷　方
其他应收款		80.00		80.00		
应付票据	13500.00			13500.00		
附件	（1）自　1日至　　10日　　银付凭证共　　1张 （2）自　11日至　　20日　　银付凭证共　　1张 （3）自　21日至　　31日　　银付凭证共　　张					

图 3 - 18　汇总记账凭证 4

汇 总 转 账 凭 证

贷方账户：应付票据　　　　　　　　　　　2011年03月　　　　　　　　　　　第　8　号

货方账户	金　额				总账页数	
	1－10日	11－20日	21－31日	合　计	借　方	贷　方
其他应付款			40000.00	40000.00		
固定资产		25000.00		25000.00		
应付账款	20000.00			20000.00		
附件	（1）自　1日至　　10日　　银付凭证共　　1张 （2）自　11日至　　20日　　银付凭证共　　1张 （3）自　21日至　　31日　　键值凭证共　　1张					

图 3 - 19　汇总记账凭证 5

要求:2011 年 3 月 31 日,请根据该月相关汇总凭证登记应付票据总账并做月结。登账及结账后结果如图 3 - 20 所示。

总分类账

分页: 30 总页:

科目:应付票据

2011年 月	日	凭证 字	号	摘要	借方	贷方	借/贷	余额	✓
03	01			承前页	1900000	3700000	贷	4500000	□
03	31	银汇付	1	3月汇总银行存款付款凭证	1500000		贷	3000000	□
03	31	现汇付	2	3月汇总库存现金付款凭证	500000		贷	5500000	□
03	31	银汇收	5	3月汇总银行存款收款凭证		2000000	贷	4500000	□
03	31	现汇收	6	3月汇总库存现金收款凭证		1350000	贷	5880000	□
03	31	汇转	8	3月汇总应付票据转账凭证		3500000	贷	14350000	□
03	31			本月合计	2000000	11850000	贷	14350000	□
									□
									□
									□

图 3 - 20　汇总记账凭证账务处理程序下应付票据总账登记示例

(二) 总账的填制说明

总账填制的具体说明见图 3 - 21:①根据总账的编排顺序进行填写。②填写总账的科目。③根据记账凭证上的时间来填写。④根据记账凭证上的凭证类型与编号来填写。⑤根据记账凭证上的摘要来填写。⑥根据记账凭证上的金额来填写。⑦用于标记对账簿记录进行核对的标志,核对时打"√"。⑧根据余额的方向进行判断,填写"借"或"贷",如果没有余额,则填写"平"。⑨根据公式:日余额 = 上日余额 + 本日收入额 - 本日支出额,进行填写。

第 ① 号

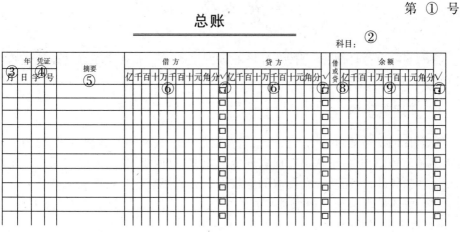

图 3 - 21　总账填制的具体说明

（三）登记总账的具体要求

登记总账的具体要求如下：

（1）根据复核无误的记账凭证、汇总记账凭证或科目汇总表。

（2）所记载的内容必须同记账凭证、汇总记账凭证或科目汇总表相一致，不得随便增减。

（3）逐笔、序时登记总账。

（4）必须连续登记，不得跳行、隔页，不得随便更换账页和撕去账页。记账时必须按页次、行次、位次顺序登记，不得跳行或隔页登记，如不慎发生跳行、隔页时，应在空页或空行中间划线加以注销，或注明"此行空白"、"此页空白"字样，并由记账人员盖章，以示负责。

（5）文字和数字必须整洁清晰，准确无误。

（6）使用钢笔，以蓝、黑墨水书写，不得使用圆珠笔或铅笔书写。按照红字冲账法冲销错误记录及会计制度中规定用红字登记的业务可以用红色墨水记账。

（7）每一账页记完后必须按规定转页。为了便于计算、了解记账中连续记录的累计数额，在每个账页登记完毕结转下页时，应结出本页发生额合计数及余额，写在本页最后一行和下页第一行的有关栏内，并在摘要中注明"过此页"和"承前页"字样。

（8）总账月末必须按规定结转。

（9）记录发生错误时必须按规定方法更正。

三、日记账登记范例

序时账簿也称日记账，是按照经济业务发生的时间先后顺序逐日逐笔进行登记的账簿。

（一）规范示例

现金日记账通常由出纳人员根据审核后的现金收款凭证和现金付款凭证，逐日逐笔顺序登记，但由于从银行提取现金的业务，只填制银行存款付款凭证，不填制现金收款凭证，因而从银行提取的应根据有关的银行存款付款凭证登记。银行存款日记账通常由出纳人员根据审核后的银行存款收款凭证和银行存款付款凭证，逐日逐笔顺序登记。

[例3－4]本月所有记账凭证如下（见图3－22至图3－33）。

付 款 凭 证

银付 字第 001 号

贷方科目： 银行存款　　　　　　　　　　2011年03月01日

| 摘　要 | 对方科目 | | 借或贷 | 金　额 | √ |
	总账科目	明细科目		千百十万千百十元角分	
提现备用	库存现金		借	⫽2 0 0 0 0 0	□
					□
					□
					□
					□
					□
合　　　　计				¥2 0 0 0 0 0	□

附单据 1 张

会计主管：　　记账：张哲　　出纳：马峰　　复核：王二　　制单：崔亮　　受款人：

图3－22　记账凭证1

付 款 凭 证

银付 字第 002 号

贷方科目： 银行存款　　　　　　　　　　2011年03月01日

| 摘　要 | 对方科目 | | 借或贷 | 金　额 | √ |
	总账科目	明细科目		千百十万千百十元角分	
支付购货款	原材料	乙烯	借	1 0 0 0 0 0 0	□
	应交税费	应交增值税（进项税额）	借	1 7 0 0 0 0	□
					□
					□
					□
					□
合　　　　计				¥1 1 7 0 0 0 0	□

附单据 2 张

会计主管：　　记账：张哲　　出纳：马峰　　复核：王二　　制单：崔亮　　受款人：

图3－23　记账凭证2

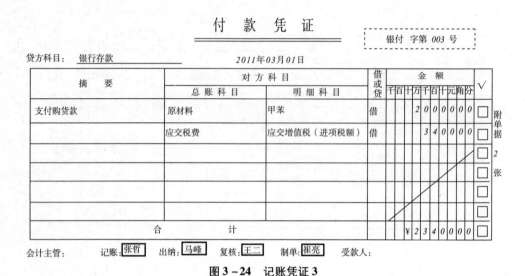

付　款　凭　证

银付 字第 *003* 号

贷方科目：　银行存款　　　　　　　　　　　　　*2011年03月01日*

摘　要	对 方 科 目		借或贷	金　额										√	
	总 账 科 目	明 细 科 目		千	百	十	万	千	百	十	元	角	分		
支付购货款	原材料	甲苯	借			2	0	0	0	0	0	0	0	□	附单据
	应交税费	应交增值税（进项税额）	借				3	4	0	0	0	0	0	□	2
														□	张
														□	
														□	
														□	
合　　　　　计					¥	2	3	4	0	0	0	0	0	□	

会计主管：　　　记账：张哲　　出纳：马峰　复核：王二　　制单：崔亮　受款人：

图 3 - 24　记账凭证 3

付　款　凭　证

银付 字第 *004* 号

贷方科目：　银行存款　　　　　　　　　　　　　*2011年03月02日*

摘　要	对 方 科 目		借或贷	金　额										√	
	总 账 科 目	明 细 科 目		千	百	十	万	千	百	十	元	角	分		
预付货款	预付账款	大名公司	借				1	0	0	0	0	0	0	□	附单据
														□	1
														□	张
														□	
														□	
														□	
合　　　　　计						¥	1	0	0	0	0	0	0	□	

会计主管：　　　记账：张哲　　出纳：马峰　复核：王二　　制单：崔亮　受款人：

图 3 - 25　记账凭证 4

<h1 style="text-align:center">收 款 凭 证</h1>

银收 字第 001 号

借方科目：银行存款

2011年03月02日

摘　要	对 方 科 目		借或贷	金　额		√
	总 账 科 目	明 细 科 目		千百十万千百十元角分		
出售材料收入	其他业务收入		贷	1 0 0 0 0 0		☐
	应交税费	应交增值税（销项税额）	贷	1 7 0 0 0 0		☐
						☐
						☐
						☐
						☐
合　　　计				¥ 1 1 7 0 0 0 0		☐

附单据 2 张

会计主管： 　记账：张哲　 出纳：马峰　 复核：王二　 制单：王新明

图 3 - 26 　记账凭证 5

<h1 style="text-align:center">付 款 凭 证</h1>

银付 字第 005 号

货方科目：银行存款

2011年03月03日

摘　要	对 方 科 目		借或贷	金　额		√
	总 账 科 目	明 细 科 目		千百十万千百十元角分		
提现备发工资	库存现金		借	1 2 0 0 0 0		☐
						☐
						☐
						☐
						☐
						☐
合　　　计				¥ 1 2 0 0 0 0		☐

附单据 1 张

会计主管： 　记账：张哲　 出纳：马峰　 复核：王二　 制单：崔亮　 受款人：

图 3 - 27 　记账凭证 6

<h1 style="text-align:center">付 款 凭 证</h1>

银付 字第　006 号

贷方科目：银行存款　　　　　　　　　　2011年03月07日

摘　要	对 方 科 目		借或贷	金　额									√	
	总 账 科 目	明 细 科 目		千	百	十	万	千	百	十	元	角	分		
支付销售运费	销售费用	其他	借				2	0	0	0	0	0		□ 附单据 2 张
														□
														□
														□
														□
														□
合　　　计						¥	2	0	0	0	0	0		□

会计主管：　　　记账：张哲　　出纳：马峰　　复核：王二　　制单：崔亮　　受款人：

图 3 - 28　记账凭证 7

<h1 style="text-align:center">付 款 凭 证</h1>

银付 字第　007 号

贷方科目：银行存款　　　　　　　　　　2011年03月08日

摘　要	对 方 科 目		借或贷	金　额									√	
	总 账 科 目	明 细 科 目		千	百	十	万	千	百	十	元	角	分		
购买计算机	固定资产	计算机	借				4	5	0	0	0	0		□ 附单据 2 张
														□
														□
		•												□
														□
合　　　计						¥	4	5	0	0	0	0		□

会计主管：　　　记账：张哲　　出纳：马峰　　复核：王二　　制单：崔亮　　受款人：

图 3 - 29　记账凭证 8

收 款 凭 证

银收 字第 002 号

借方科目：银行存款　　　　　　　2011年03月13日

摘　要	对方科目		借或贷	金　额									√
	总账科目	明细科目		千	百	十	万	千	百	十	元	角	分	
销售二丙烯基醚商品	主营业务收入		贷			2	0	0	0	0	0	0	|☐
	应交税费	应交增值税（销项税额）	贷				3	4	0	0	0	0	|☐
													|☐
													|☐
													|☐
													|☐
合　　　　　计					¥	2	3	4	0	0	0	0	|☐

附单据 3 张

会计主管：　　记账：张哲　　出纳：马峰　　复核：王二　　制单：崔亮

图 3 – 30　记账凭证 9

收 款 凭 证

银收 字第 003 号

借方科目：银行存款　　　　　　　2011年03月23日

摘　要	对方科目		借或贷	金　额									√
	总账科目	明细科目		千	百	十	万	千	百	十	元	角	分	
销售甘油丙烯醚商品	主营业务收入		贷			3	0	0	0	0	0	0	|☐
	应交税费	应交增值税（销项税额）	贷				5	1	0	0	0	0	|☐
													|☐
													|☐
													|☐
													|☐
合　　　　　计					¥	3	5	1	0	0	0	0	|☐

附单据 32 张

会计主管：　　记账：张哲　　出纳：马峰　　复核：王二　　制单：崔亮

图 3 – 31　记账凭证 10

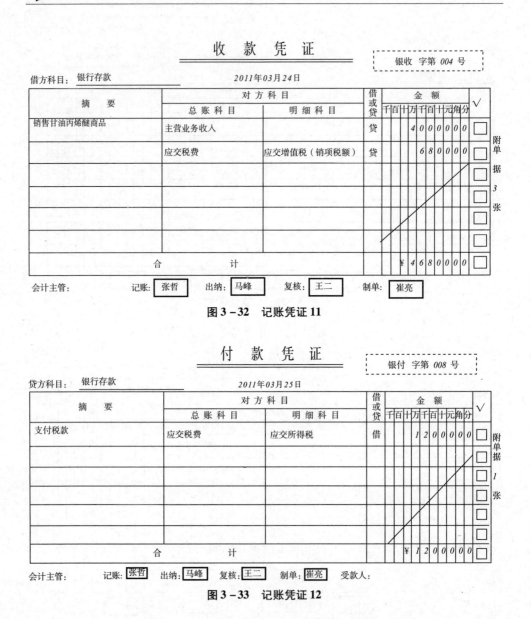

收　款　凭　证

银收 字第 004 号

借方科目： 银行存款　　　　　　　　　　　2011年03月24日

摘　要	对方科目		借或贷	金　额	
	总账科目	明细科目		千百十万千百十元角分	√
销售甘油丙烯醚商品	主营业务收入		贷	4 0 0 0 0 0	☐
	应交税费	应交增值税（销项税额）	贷	6 8 0 0 0 0	☐
					☐
					☐
					☐
					☐
合　　　计				￥ 4 6 8 0 0 0 0	☐

附单据 3 张

会计主管：　　　记账：张哲　　出纳：马峰　　复核：王二　　制单：崔亮

图 3 - 32　记账凭证 11

付　款　凭　证

银付 字第 008 号

贷方科目： 银行存款　　　　　　　　　　　2011年03月25日

摘　要	对方科目		借或贷	金　额	
	总账科目	明细科目		千百十万千百十元角分	√
支付税款	应交税费	应交所得税	借	1 2 0 0 0 0 0	☐
					☐
					☐
					☐
					☐
					☐
合　　　计				￥ 1 2 0 0 0 0 0	☐

附单据 1 张

会计主管：　　　记账：张哲　出纳：马峰　复核：王二　制单：崔亮　受款人：

图 3 - 33　记账凭证 12

　　要求：请根据记账凭证，登记公司 3 月的银行日记账并做月结（登账及结账后结果如图 3 - 34 所示）。

银行存款日记账

第 3 页

开户行：交通银行北京分行
账　号：02000010090121364 4121

2011年 月	日	凭证 种类	凭证 号数	摘要	借方	贷方	余额	核对
03	01			承前页	30 000 00	280 000 00	140 000 00	□
03	01	银付	001	提现零用		2 000 00	138 000 00	□
03	01	银付	002	支付购货款		11 700 00	126 300 00	□
03	01	银付	003	支付购货款		23 400 00	102 900 00	□
03	02	银付	004	预付货款		10 000 00	92 900 00	□
03	02	银收	001	出售材料收入	11 700 00		104 600 00	□
03	03	银付	005	提现备发工资		12 000 00	92 600 00	□
03	07	银付	006	支付销售运费		2 000 00	90 600 00	□
03	08	银付	007	购买电脑		4 500 00	86 100 00	□
03	13	银收	002	销售二丙烯基醚商品	23 400 00		109 500 00	□
03	23	银收	003	销售甘油丙烯醚商品	35 100 00		144 600 00	□
03	24	银收	004	销售甘油丙烯醚商品	46 800 00		191 400 00	□
03	25	银付	008	支付税款		12 000 00	179 400 00	□
03	31			本月合计	117 000 00	77 600 00	179 400 00	□
								□
								□

图 3－34　银行存款日记账登记范例

（二）日记账的填制说明

根据不同需要，企业设置的日记账有普通日记账、分栏日记账和特种日记账。在实际工作中，普通日记账和分栏日记账使用不方便，重复劳动多，也不适用。所以实际工作中常用的是特种日记账，特种日记账是专门用来登记某一类经济业务的日记账。常见的特种日记账是库存现金日记账和银行存款日记账。

1. 库存现金日记账的填制

库存现金日记账通常由出纳员根据现金收款凭证、现金付款凭证和部分银行存款付款凭证（提现业务）逐日逐笔顺序登记。

库存现金日记账登记具体说明见图 3－35：①按现金日记账账本的顺序编号。②填写记账凭证上的日期。③根据记账凭证上的凭证类型与编号来填写。④可以根据原始凭证的票据号填写。⑤根据记账凭证上的摘要来填写。⑥根据记账凭证上的金额来填写。⑦余额填写根据公式：日余额＝上日余额＋本日收入额－本日支出额，进行计算填写。⑧对账簿记录进行核对的标志，核对过打"√"。

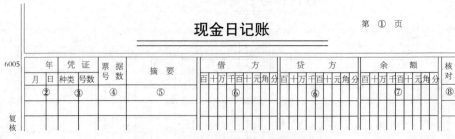

图 3−35　现金日记账登记的具体说明

2. 银行存款日记账的填制

银行存款日记账通常由出纳员根据审核后的银行存款收、付款凭证和部分现金付款凭证(存现业务)逐日逐笔顺序登记。

银行存款日记账登记的具体说明见图 3−36:①按银行存款日记账账本的顺序编号。②根据企业的开户行及账号填写。③填写记账凭证上的日期。④根据记账凭证上的凭证类型与编号来填写。⑤可以根据原始凭证的票据号填写。⑥根据记账凭证上的摘要来填写。⑦根据记账凭证上的金额来填写。⑧对账簿记录进行核对的标志,核对过打"√"。⑨日余额根据公司:日余额 = 上日余额 + 本日收入额 − 本日支出额,进行计算填写。

银行存款日记账 第 ① 页

年		凭证		票据		摘要	借　方	核对	贷　方	核对	余　额
月	日	种类	号数	类别	号数		百十万千百十元角分		百十万千百十元角分		百十万千百十元角分
③		④		⑤		⑥	⑦	⑧	⑦	⑧	⑨

开户行 ____
账 号 ____ ②

复核

记账

图 3−36　银行存款日记账登记的具体说明

（三）登记日记账的具体要求

登记现金日记账和银行存款日记账的具体要求如下：

（1）根据复核无误的收、付款记账凭证登记。

（2）所记载的内容必须同会计凭证相一致，不得随便增减。每一笔账都要记明记账凭证的日期、编号、摘要、金额和对应科目等。登记完毕，应当逐项复核，复核无误后在记账凭证上"账页"一栏内做出"过账"符号"√"，表示已经登记入账。

（3）逐笔、序时登记日记账，做到日清月结。

（4）必须连续登记，不得跳行、隔页，不得随便更换账页和撕去账页。

（5）文字和数字必须整洁清晰，准确无误。

（6）使用钢笔，以蓝、黑墨水书写，不得使用圆珠笔或铅笔书写。但按照红字冲账法冲销错误记录及会计制度中规定用红字登记的业务可以用红色墨水记账。

（7）每一账页记完后必须按规定转页。为了便于计算、了解记账中连续记录的累计数额，在每个账页登记完毕结转下页时，应结出本页发生额合计数及余额，写在本页最后一行和下页第一行的有关栏内，并在摘要中注明"过此页"和"承前页"字样。

（8）日记账必须逐日结出余额，每月月末必须按规定结账，应当在摘要栏内注明"本月合计"字样，并在下面通栏划单红线。年末要结出本年累计发生额的，应当在摘要内注明"本年累计"字样，并在下面通栏划双红线。

（9）记录发生错误时必须按规定方法更正。

四、数量金额式明细账登记范例

数量金额式明细分类账其借方（收入）、贷方（发出）和余额（结存）都分别设有数量、单价和金额三个专栏。适用于既要进行金额核算又要进行数量核算的账户。如"原材料明细账"、"库存商品明细账"。数量金额式明细分类账登账时要考虑企业存货的计价方法。存货计价方法主要包括先进先出法、加权平均法、移动加权平均法、个别计价法等。先进先出法是假定先收到的存货先发出或先收到的存货先耗用，并根据这种假定的存货流转次序对发出存货和期末存货进行计价的一种方法。加权平均法是根据期初存货结余和本期收入存货的数量及进价成本，期末一次计算存货的本月加权平均单价，作为计算本期发出存货成本和期末结存价值的单价，以求得本期发出存货成本和结存存货价值的一种方法。移动加权平均法是指每次收货后，立即根据库存存货数量和总成本，计算出新的平均单价或成本的一种方法。个别计价法是以每次(批)收入存货的实际成本作为计算各批发出存货成本的依据。不同计价法则使得存货收入、支出、结存的单价和金额栏次的填列数额具有一定的差异。

(一)规范示例

下面以原材料明细账登记为例,采用先进先出法计价。

[例3-5]本月涉及原材料的有关凭证见图3-37至图3-40。

图 3-37 记账凭证 1

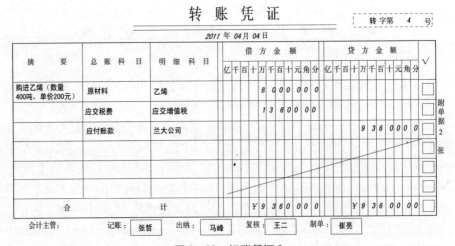

图 3-38 记账凭证 2

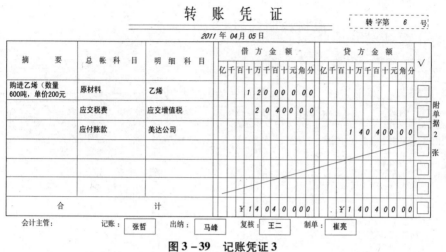

转 账 凭 证

转字第 6 号

2011 年 04 月 05 日

摘　　要	总帐科目	明细科目	借方金额 亿千百十万千百十元角分	贷方金额 亿千百十万千百十元角分	√
购进乙烯（数量600吨，单价200元）	原材料	乙烯	1 2 0 0 0 0 0 0		□
	应交税费	应交增值税	2 0 4 0 0 0 0		□
	应付账款	美达公司		1 4 0 4 0 0 0 0	□
					□
					□
					□
合　　　计			¥1 4 0 4 0 0 0 0	¥1 4 0 4 0 0 0 0	□

附单据 2 张

会计主管：　记账： 张哲　出纳： 马峰　复核： 王二　制单： 崔亮

图 3-39　记账凭证3

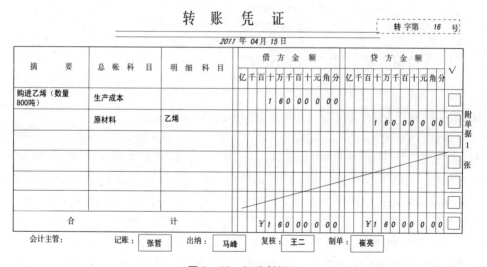

转 账 凭 证

转字第 16 号

2011 年 04 月 15 日

摘　　要	总帐科目	明细科目	借方金额 亿千百十万千百十元角分	贷方金额 亿千百十万千百十元角分	√
购进乙烯（数量800吨）	生产成本		1 6 0 0 0 0 0 0		□
	原材料	乙烯		1 6 0 0 0 0 0 0	□
					□
					□
					□
					□
合　　　计			¥1 6 0 0 0 0 0 0	¥1 6 0 0 0 0 0 0	□

附单据 1 张

会计主管：　记账： 张哲　出纳： 马峰　复核： 王二　制单： 崔亮

图 3-40　记账凭证4

要求：根据相关资料登记"原材料——乙烯"明细账，并进行结账（见图3-41）。

原材料明细账

| | | 分页 | 03 | 总页 | 25 |

最高存量 2500
最低存量 500　储备天数 10　存放地点 五号仓库　计量单位 吨　编号、名称 乙烯　规格 ISKG244　类别

2011年		凭证字号	摘要	收入			付出			结存		
月	日			数量	单价	金额 百十万千百十元角分	数量	单价	金额 百十万千百十元角分	数量	单价	金额 百十万千百十元角分
04	01		承前页	5500.00	200.00	110000000	5000.00	200.00	100000000	600.00	200.00	12000000
04	02	银付2	购进乙烯	200.00	200.00	40000000				800.00	200.00	16000000
04	04	转4	购进乙烯	400.00	200.00	80000000				1200.00	200.00	24000000
04	05	转6	购进乙烯	600.00	200.00	12000000				1800.00	200.00	36000000
04	15	转16	领用乙烯				800.00	200.00	16000000	1000.00	200.00	20000000
04	30		本月合计	1200.00		24000000	800.00		16000000	1000.00	200.00	20000000

图 3-41　原材料明细账登记范例

(二)数量金额式明细账的填制说明

数量金额式明细账通常由会计人员根据审核后的记账凭证及所附的原始凭证,按经济业务发生的时间先后顺序逐日逐笔登记进行。

数量金额式明细账的填制说明见图 3-42:①填写明细账名称,如甲材料明细账。②根据明细账账簿的顺序进行填写。③填写所核算的物体的名称、规格和类别等信息。④填写所核算的物体的仓储信息及计量单位。⑤根据记账凭证上的时间来填写。⑥根据记账凭证上的凭证类型与编号来填写。⑦根据记账凭证上的摘要来填写。⑧根据记账凭证上的数量、单价、金额来填写。注意两点:一是填写借方(收入)列的单价及金额时,此单价并不是采购合同上的采购单价,而是根据入库单材料成本计算后的单价,如果需分摊采购运费等一些费用,则此处填列的单价比合同上的采购单价高,金额也高。二是填写贷方(发出)列的单价及金额时,此单价可采用先进先出法、加权平均法、移动加权平均法和个别计价法等方法计算填列。⑨结存填写一般是根据公式:日余额=上日余额+本日收入额-本日支出额,进行计算数量、金额的填写,如果没有余额,则填写"0"字。单价和金额则按企业

确定的存货计价方式进行填写。但此次填写要特别注意不同企业由于存货计价方法不同,会有差异。⑩复核、记账、核准人员的签章。

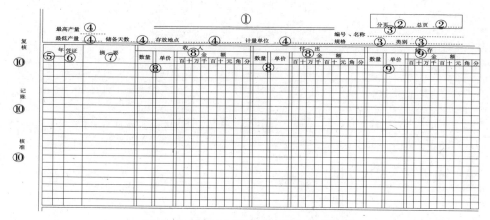

图 3-42 数量金额式明细账的填制说明

下面以原材料明细账登账为例,按先进先出法和加权平均法计价的数量金额式明细账登账,登账后的范例见图 3-43 至图 3-44。

原材料明细账（先进先出法）

最高存量10000　最低存量200　储备天数10

分页 12　总页 12

编号、名称 01丙酮　规格　类别 原材料

存放地点 第一仓库　计量单位 千克

年 月 日	凭证字号	摘要	收入 数量	收入 单价	收入 金额	付出 数量	付出 单价	付出 金额	结存 数量	结存 单价	结存 金额
12 01		承前页							4000.00	50.00	200000.00
12 07	记006	购入原材料	5000.00	40.00	200000.00				4000.00	50.00	200000.00
									5000.00	40.00	200000.00
12 31	记009	分配发出的原材料				(4000.00	50.00	200000.00			
						1000.00)	40.00	40000.00			
						5000.00		240000.00	4000.00	40.00	160000.00
12 31		本月合计	5000.00	40.00	200000.00	5000.00		240000.00	4000.00	40.00	160000.00

图3-43 按先进先出法计价的原材料明细账登账范例

原材料明细账（加权平均法）

最高存量10000
最低存量200　储备天数10

存放地点 第一仓库　　计量单位 千克　　编号、名称　　规格

分页 12　　总页 12
01丙酮
类别 原材料

00年		凭证字号	摘 要	收 入			付 出			结 存		
月	日			数量	单价	金额	数量	单价	金额	数量	单价	金额
12	01		承前页							4000.00	50.00	200000.00
12	07	记006	购入原材料	5000.00	40.00	200000.00				9000.00		
12	10	记009	购入原材料	4000.00	45.00	180000.00				13000.00		
12	15	记015	购入原材料	4000.00	45.00	180000.00				17000.00		
12	31	记032	分配发出的原材料				5000.00		223480.00	12000.00	44.71	536520.00
12	31		本月合计	13000.00		560000.00	5000.00		223480.00	12000.00	44.71	536520.00

图　按加权平均法计价的原材料明细账登记范例

(三)登记数量金额式明细账的具体要求

登记数量金额明细账的具体要求如下:

(1)根据复核无误的记账凭证登记。

(2)所记载的内容必须同会计凭证一致,不得随便增减。

(3)逐笔、序时登记明细账。

(4)必须连续登记,不得跳行、隔页,不得随便更换账页和撕去账页。

(5)文字和数字必须整洁、清晰,准确无误。

(6)使用钢笔,以蓝墨水、黑墨水书写,不得使用圆珠笔或铅笔书写。但按照红字冲账法冲销错误记录及会计制度中规定用红字登记的业务可以用红色墨水记账。

(7)每一账页记完后必须按规定转页。为了便于计算、了解记账中连续记录的累计数额,在每个账页登记完毕结转下页时,应结出本页发生额合计数及余额,写在本页最后一行和下页第一行的有关栏内,并在摘要中注明"过此页"和"承前页"字样。

(8)数量金额式明细账必须逐日结出余额,每月月末必须按规定结账,应当在摘要栏内注明"本月合计"字样,并在下面通栏划单红线。年末要结出本年累计发生额,应当在摘要内注明"本年累计"字样,并在下面通栏划双红线。

(9)记录发生错误时必须按规定方法更正。

五、多栏式明细账登记范例

多栏式明细分类账不是按照有关的明细科目分设账页,而是根据经济业务的特点和经营管理的需要,在一张账页内按有关明细项目分设若干专栏,用以在同一张账页上反映有关明细项目的详细资料。

(一)规范示例

多栏式明细分类账按账页结构也可分为借方多栏式、贷方多栏式和借贷双方多栏式。借方多栏式明细账有:"生产成本明细账"、"制造费用明细账"、"管理费用明细账"、"财务费用明细账"、"销售费用明细账"等。贷方多栏式明细账有:"主营业收入明细账"、"其他业务收入明细账"等。借贷双方多栏式有:"本年利润明细账"等。多栏式明细账一般以十三栏和十七栏为主。

[例3-6]2011年4月1~10日涉及管理费用的记账凭证见图3-45至图3-48。

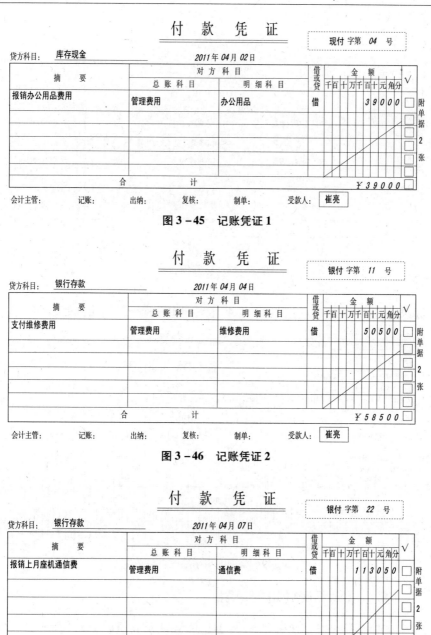

付 款 凭 证

现付 字第 04 号

贷方科目：　库存现金　　　　　　　　2011年 04 月 02日

摘　要	对方科目		借或贷	金额								√	
	总账科目	明细科目		千	百	十	万	千	百	十	元	角	分	
报销办公用品费用	管理费用	办公用品	借					3	9	0	0	0		□ 附单据 2 张
														□
														□
														□
合　　计							￥	3	9	0	0	0		□

会计主管：　　记账：　　出纳：　　复核：　　制单：　　受款人： 崔亮

图 3－45　记账凭证 1

付 款 凭 证

银付 字第 11 号

贷方科目：　银行存款　　　　　　　　2011年 04 月 04日

摘　要	对方科目		借或贷	金额								√	
	总账科目	明细科目		千	百	十	万	千	百	十	元	角	分	
支付维修费用	管理费用	维修费用	借					5	0	5	0	0		□ 附单据 2 张
														□
														□
														□
														□
合　　计							￥	5	8	5	0	0		□

会计主管：　　记账：　　出纳：　　复核：　　制单：　　受款人： 崔亮

图 3－46　记账凭证 2

付 款 凭 证

银付 字第 22 号

贷方科目：　银行存款　　　　　　　　2011年 04 月 07日

摘　要	对方科目		借或贷	金额								√	
	总账科目	明细科目		千	百	十	万	千	百	十	元	角	分	
报销上月座机通信费	管理费用	通信费	借				1	1	3	0	5	0		□ 附单据 2 张
														□
														□
														□
														□
合　　计							￥	1	1	3	0	5	0	□

会计主管：　　记账：　　出纳：　　复核：　　制单：　　受款人： 崔亮

图 3－47　记账凭证 3

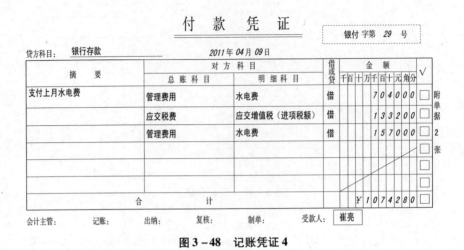

付 款 凭 证

银付 字第 29 号

贷方科目：银行存款　　　　　2011年04月09日

摘　要	对方科目		借或贷	金　额	√	
	总账科目	明细科目		千百十万千百十元角分		
支付上月水电费	管理费用	水电费	借	7 0 4 0 0 0	□	附单据
	应交税费	应交增值税（进项税额）	借	1 3 3 2 0 0	□	2张
	管理费用	水电费	借	1 5 7 0 0 0	□	
					□	
					□	
					□	
合　　　计				¥ 1 0 7 4 2 8 0	□	

会计主管：　记账：　出纳：　复核：　制单：　受款人：崔亮

图 3 – 48　记账凭证 4

要求：根据相关资料登记 2011 年 4 月 1 ~ 10 日管理费用明细账，见图 3 – 49。

分页：2　总页：15

一级科目：管理费用
级科目：

管理费用明细账

2011年		凭证号数	摘要	1. 办公费	2. 修理费	3. 通信费	4. 水电费			
月	日			十万千百十元角分	十万千百十元角分	十万千百十元角分	十万千百十元角分	十万千百十元角分	十万千百十元角分	十万千百十元角分
04	01		承前页	1 3 7 0 0 0	1 1 1 5 0 0	3 4 8 6 0 0	4 8 5 0 0 0			
04	02	现付04号	报销办公用品费用	3 9 0 0 0						
04	03	银付11号	支付维修费用		5 8 5 0 0					
04	04	银付22号	报销上月座机通信费			1 1 3 0 5 0				
04	05	银付29号	支付上月水电费				1 5 7 0 0 0			

图 3 – 49　管理费用明细账登账范例

（二）多栏式明细账的填制说明

多栏式明细账的登记方法如下：根据记账凭证及其所附原始凭证汇总表逐日逐笔进行借方、贷方金额登记，而后结出余额。如为借方余额，在"借或贷"栏目中填写"借"字，如为贷方余额，在"借或货"栏目中填写"贷"字。多栏式明细账的格式适用于费用、成本和收入等明细分类账。多栏式成本、费用明细账一般借方设多栏；收入明细账一般贷方设多栏，需要冲减有关收入的事项可以在明细账中用红字在贷方登记。各种明细分类账,应根据记账凭证及所附原始凭证登记。

多栏式明细账的填制说明见图3－50:①填写明细账名称,如管理费用明细账。②根据明细账账簿的顺序进行填写。③填写明细账所涉及科目的级别及名称。④根据记账凭证上的时间来填写。⑤根据记账凭证上的凭证类型与编号来填写。⑥根据记账凭证上的摘要来填写。⑦根据企业某一总账科目所涉及的所有明细科目进行填写。⑧根据记账凭证上的明细科目在相对应位置进行填写。

另外,在实务中生产成本明细账的账页格式比较特殊,其填写也有差异,见图3－51。

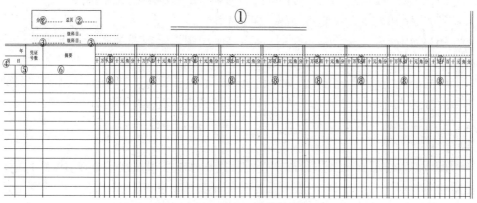

图3－50　多栏式明细账填制说明

生产成本　明细分类账

产品名称: **甲产品**　　　　　　　　　　　　　　产量 **2000** 件

2002年		凭证		摘　　要	成 本 项 目			
月	日	字	号		直接材料	直接人工	制造费用	合　计
					万千百十万千百十元角分	千百十万千百十元角分	十万千百十元角分	千百十万千百十元角分
6	1			月初余额	8 8 0 0 0 0 0	1 2 5 0 0 0 0	1 2 5 0 0 0 0	1 1 4 0 0 0 0 0
	11		9	生产领用材料	1 7 8 0 0 0 0 0			1 7 8 0 0 0 0 0
	30		31	生产工人工资		7 5 0 0 0 0 0		7 5 0 0 0 0 0
	30		32	计提生产工人福利费		1 0 5 0 0 0 0		1 0 5 0 0 0 0
	30		36	分配制造费用			2 2 5 0 0 0 0	2 2 5 0 0 0 0
	30			生产成本合计数	2 6 6 0 0 0 0 0	9 8 0 0 0 0 0	3 6 0 0 0 0 0	4 0 0 0 0 0 0 0
	30		37	转出完工产品成本	2 6 6 0 0 0 0 0	9 8 0 0 0 0 0	3 6 0 0 0 0 0	4 0 0 0 0 0 0 0
				期末余额				0

*说明:"转出完工产品成本"此行为红笔登账。

图3－51　生产成本明细账填制范例

(三)登记多栏式明细账的具体要求

多栏式明细账通常由会计人员根据审核后的记账凭证,逐日、逐笔顺序登记。登记多栏式明细账的具体要求如下:

(1)根据复核无误的记账凭证登记。

(2)所记载的内容必须同会计凭证相一致,不得随便增减。

(3)要按经济业务发生的顺序逐笔登记账簿,做到日清月结。

(4)必须连续登记,不得跳行、隔页,不得随便更换账页或撕去账页。

(5)文字和数字必须整洁、清晰,准确无误。

(6)使用钢笔,以蓝、黑墨水书写,不得使用圆珠笔或铅笔书写。但按照红字冲账法冲销错误记录及会计制度中规定用红字登记的业务可以用红色墨水记账。

(7)每一账页记完后必须按规定转页。为了便于计算、了解记账中连续记录的累计数额,在每个账页登记完毕结转下页时,应结出本页发生额合计数及余额,写在本页最后一行和下页第一行的有关栏内,并在摘要中注明“过此页”和“承前页”字样。

(8)多栏式明细账必须逐日结出余额,每月月末必须按规定结账,应当在摘要栏内注明“本月合计”字样,并在下面通栏划单红线。年末要结出本年累计发生额的,应当在摘要内注明“本年累计”字样,并在下面通栏划双红线。

(9)记录发生错误时必须按规定方法更正。

六、三栏式明细账登记范例

三栏式明细分类账的格式适用于那些只需要进行金额核算而不需要进行数量核算的债权、债务结算类账簿,如“应收账款”、“应付账款”等明细账。

(一)规范示例

三栏式明细分类账的账页格式同三栏式总分类账相同,即账页只设有借方、贷方和余额三个金额栏,不设数量栏。

[例3-7]本月涉及应收账款的记账凭证见图3-52至图3-54。

转 账 凭 证

转字第 12 号

2011年04月12日

摘 要	总账科目	明细科目	借方金额 亿 千 百 十 万 千 百 十 元 角 分	贷方金额 亿 千 百 十 万 千 百 十 元 角 分	√
销售二丙烯基醚产品	应收账款	大光公司	4 7 2 0 0 0 0		☐
	主营业务收入	二丙烯基醚产品		4 0 0 0 0 0 0	☐
	应交税费	应交增值税		6 8 0 0 0 0	☐
	银行存款			4 0 0 0 0	☐
					☐
					☐
合 计			¥ 4 7 2 0 0 0 0	¥ 4 7 2 0 0 0 0	☐

附单据 3 张

会计主管： 　 记账： 张哲 　 出纳： 马峰 　 复核： 王二 　 制单： 崔亮

图 3－52　记账凭证1

收 款 凭 证

收字第 13 号

借方科目： 银行存款　　　　　　*2011年04月15日*

摘 要	对方科目 总账科目	明细科目	借或贷	金 额 千 百 十 万 千 百 十 元 角 分	√
收到上月欠款	应收账款	大光公司	贷	4 0 0 0 0 0 0	☐
					☐
					☐
					☐
					☐
合　　　计				¥ 4 0 0 0 0 0 0	☐

附单据 1 张

会计主管： 　 记账： 张哲 　 出纳： 马峰 　 复核： 王二 　 制单： 崔亮

图 3－53　记账凭证2

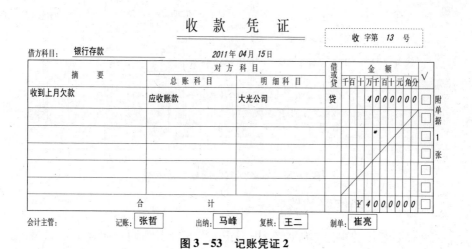

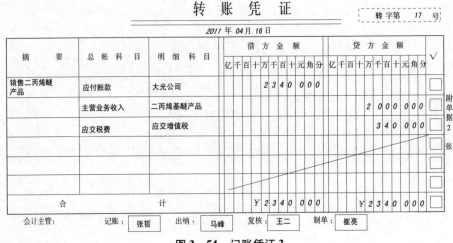

转 账 凭 证　　　　转字第　17　号

2011 年 04月 16日

摘　　要	总帐科目	明细科目	借方金额 亿千百十万千百十元角分	贷方金额 亿千百十万千百十元角分	√
销售二丙烯醚产品	应付账款	大光公司	2 3 4 0 0 0 0		□
	主营业务收入	二丙烯基醚产品		2 0 0 0 0 0 0	□
	应交税费	应交增值税		3 4 0 0 0 0	□
					□
					□
					□
合　　　　计			￥2 3 4 0 0 0 0	￥2 3 4 0 0 0 0	□

附单据 2 张

会计主管：　　记账：张哲　　出纳：马峰　　复核：王二　　制单：崔亮

图 3 - 54　记账凭证 3

要求：根据相关资料登记"应收账款——大光公司"明细账，并进行结账，见图 3 - 55。

分页 4　总页 15

应收账款明细账

一级科目：应收账款　　　　二级科目：大光公司

2011年		凭证		摘　　要	日页	借　方 百十万千百十元角分	贷　方 百十万千百十元角分	借或贷	余　额 百十万千百十元角分
月	日	种类	号数						
0.4	01			承前页		1 0 0 0 0 0 0	9 0 0 0 0 0 0	借	7 0 0 0 0 0
0.4	12	转	12	销售二丙烯基醚产品		4 7 2 0 0 0 0		借	1 1 7 2 0 0 0 0
0.4	15	收	13	收到上月欠款			4 0 0 0 0 0 0	借	7 7 2 0 0 0 0
0.4	16	转	17	销售二丙烯基醚产品		2 3 4 0 0 0 0		借	1 0 0 6 0 0 0 0
0.4	30			本月合计		7 0 6 0 0 0 0	4 0 0 0 0 0 0	借	1 0 0 6 0 0 0 0

图 3 - 55　应收账款明细账登记范例

（二）三栏式明细账的填制说明

三栏式明细账的登记方法如下：根据记账凭证及其所附原始凭证汇总表逐日、逐笔进行借方、贷方金额登记，而后结出余额。如为借方余额，在"借或贷"栏目中填写"借"字，如为贷方余额，在"借或货"栏目中填写"贷"字。

三栏式明细账的填制说明见图 3 - 56：①填写明细账名称，如应收账款明细账。②根据明细账账簿的顺序进行填写。③填写科目的级别，如"一"字。④填写相对应的科目名称。⑤填写科目的级别,如"二"字。⑥填写相对应的科目名称。⑦根据记账凭证上的时间来填写。⑧根据记账凭证上的凭证类型与编号来填写。⑨根据记账凭证上的摘要来填写。⑩填写日记簿的页数。⑪根据记账凭证上的金额来填写。⑫根据余额的方向进行判断,填写"借"或"贷",如果没有余额,则填写"平"。⑬余额根据公式:日余额 = 上日余额 + 本日收入额 − 本日支出额,进行计算数量、金额的填写,如果没有余额,则填写"0"。

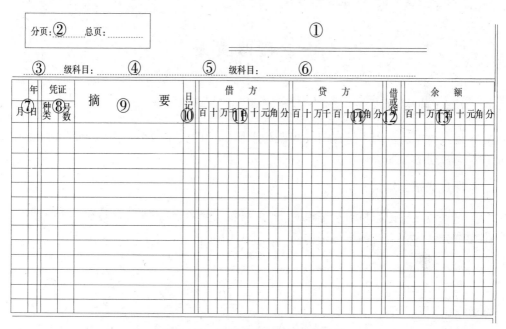

图 3 −56 三栏式明细账的填制说明

(三)登记三栏式明细账的具体要求

三栏式明细账根据审核后的记账凭证及其所附原始凭证,逐日、逐笔顺序登记。具体要求如下:

(1)根据复核无误的记账凭证登记。

(2)所记载的内容必须同会计凭证相一致,不得随便增减。

(3)逐笔、序时登记明细账。

(4)必须连续登记,不得跳行、隔页,不得随便更换账页和撕去账页。

(5)文字和数字必须整洁、清晰,准确无误。

(6)使用钢笔,以蓝墨水、黑墨水书写,不得使用圆珠笔或铅笔书写。但按照红字冲账法冲销错误记录及会计制度中规定用红字登记的业务可以用红色墨水记账。

(7)每一账页记完后必须按规定转页。为了便于计算、了解记账中连续记录的累计数额,并使前面账页的合计数据相互衔接,在每个账页登记完毕结转下页时,应结出本页发生额合计数及余额,写在本页最后一行和下页第一行的有关栏内,并在摘要中注明"过此页"和"承前页"字样。

(8)数量金额式明细账必须逐日结出余额,每月月末必须按规定结账,应当在摘要栏内注明"本月合计"字样,并在下面通栏划单红线。年末要结出本年累计发生额的,应当在摘要内注明"本年累计"字样,并在下面通栏划双红线。

(9)记录发生错误时必须按规定方法更正。

七、错账更正

(一)划线更正法

划线更正法适用于结账前发现账簿上所登记的文字或数字有误,而记账凭证并没有错误的情况。

1.规范示例

记账员在登记原材料明细账时,将 A 材料实际数量 1345 公斤写成 1435 公斤,但记账凭证无误。此错账可采用划线更正法(见图 3 - 57)。

原 材 料 明 细 账

最高存量:
最低存量:

账号　总页数
页数

明细科目　**A**　材料

类别　　　储存处所　　　规格　　　计量单位　**公斤**　编号

97 年		凭证号数	摘要	收入			发出			结存			核对号
月	日			数量	单价	金额(十万千百十元角分)	数量	单价	金额(十万千百十元角分)	数量	单价	金额(十万千百十元角分)	
12			承前页							152	10	1 5 2 0 0 0	
12	10	转1	购料	1345 / 1435	10	1 3 4 5 0 0 0 / 1 4 3 5 0 0 0			孔子	1497 / 1507	10	1 4 9 7 0 0 0 / 1 5 0 7 0 0 0	

图 3 - 57　划线更正范例

2.填制说明

划线更正法具体方法:在错误的数字和文字上划一红线,表示注销,然后在其上方空白处填写正确的数字或文字,并在更正处盖章,以表明责任。对错误数字必须全部划销,不得只划销整个数字中的个别错误数码。适用于结账前或结账时发现的错误。

(二)红字更正法

红字更正法适用情况:记账凭证填错,并已经登记入账的错账。主要有两种情况:第一,记账后发现凭证中应借、应贷科目或金额有错误,宜采用四步红字更正法;第二,原记账凭证所用科目没有错,但所填金额大于应记金额,宜采用两步红字更正法。

1.四步红字更正法规范示例

[例3-8]2011年05月31日,福建宁新有限公司发现2011年05月01日车间生产产品领用原材料3500.00元相应的记账凭证编制有误,并已经登记入账。实际单据、凭证、账簿见图3-58至图3-61。

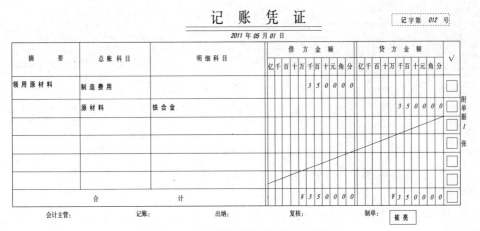

领 料 单

领料部门: 生产车间
用途: 生产钢材   2011 年 05 月 01 日   02 第 12 号

材料			单 位	数 量		成 本			
						单 价	总价		
编号	名 称	规 格		请 领	实 发		百十万千百十元角分		会计联
02	铁合金		公斤	700.00	700.00	5.00	3 5 0 0 0 0		
合 计							¥ 3 5 0 0 0 0		

部门经理: 李永宾   会计: 吴强   仓库: 黄宛明   经办人: 于军

图3-58 原始单据

记 账 凭 证   记字第 012 号

2011 年 05 月 01 日

摘 要	总账科目	明细科目	借 方 金 额	贷 方 金 额	√
			亿千百十万千百十元角分	亿千百十万千百十元角分	
领用原材料	制造费用		3 5 0 0 0 0		□
	原材料	铁合金		3 5 0 0 0 0	□
					□
					□
					□
合 计			¥ 3 5 0 0 0 0	¥ 3 5 0 0 0 0	□

附单据1张

会计主管: 记账: 出纳: 复核: 制单: 崔亮

图3-59 根据原始单据编制的记账凭证

分页: 35 总页:

总分类账

科目:制造费用

2011年		凭证		摘要	借方	贷方	借或贷	余额	√
月	日	字	号		亿千百十万千百十元角分	亿千百十万千百十元角分		亿千百十万千百十元角分	
05	01			承前页			平	0 0 0	
	01	记	012	领用原材料	3 5 0 0 0 0		借	3 5 0 0 0 0	

图 3 - 60　根据记账凭证登记制造费用总分类账

分页: 12 总页:

总分类账

科目:原材料

2011年		凭证		摘要	借方	贷方	借或贷	余额	√
月	日	字	号		亿千百十万千百十元角分	亿千百十万千百十元角分		亿千百十万千百十元角分	
05	01			承前页			借	2 3 5 0 0 0 0	
	01	记	012	领用原材料		3 5 0 0 0 0	借	2 0 0 0 0 0 0	

图 3 - 61　根据记账凭证登记原材料总分类账

要求:请根据例 3 - 8 的错误,进行错账更正。

四步红字更正法的具体步骤如下:

第一步:先用红字填制一张内容与错误的记账凭证完全相同的记账凭证,在摘要栏中注明"冲销(更正)×月×日第×号凭证错误",见图 3 - 62。

记 账 凭 证

2011 年 *05* 月 *31* 日

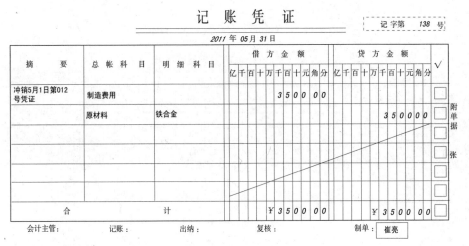

摘　　要	总 帐 科 目	明 细 科 目	借 方 金 额										贷 方 金 额										√
			亿	千	百	十	万	千	百	十	元	角	分	亿	千	百	十	万	千	百	十	元	角	分	
冲销5月1日第012号凭证	制造费用						3	5	0	0	0	0												
	原材料	铁合金											3	5	0	0	0	0	
合　　　　计			¥	3	5	0	0	0	0					¥	3	5	0	0	0	0				

会计主管:　　记账:　　出纳:　　复核:　　制单: 崔亮

附单据　张

图 3－62　冲销凭证

第二步:用蓝字(黑字)金额填制一张正确的记账凭证,见图 3－63。

记 账 凭 证

2011 年 *05* 月 *31* 日

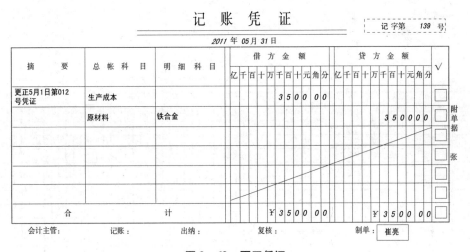

摘　　要	总 帐 科 目	明 细 科 目	借 方 金 额										贷 方 金 额										√
			亿	千	百	十	万	千	百	十	元	角	分	亿	千	百	十	万	千	百	十	元	角	分	
更正5月1日第012号凭证	生产成本						3	5	0	0	0	0												
	原材料	铁合金											3	5	0	0	0	0	
合　　　　计			¥	3	5	0	0	0	0					¥	3	5	0	0	0	0				

会计主管:　　记账:　　出纳:　　复核:　　制单: 崔亮

附单据　张

图 3－63　更正凭证

第三步:根据更正记账凭证,用红字金额登记账簿,冲销原有错误记录。

第四步:根据正确记账凭证,登记账簿。两张记账凭证均登记入账后,其结果见图 3－64 至图 3－66。

分页: 35 总页:

总分类账

科目:制造费用

2011年		凭证		摘 要	借 方	贷 方	借或贷	余 额	√
月	日	字	号		亿千百十万千百十元角分	亿千百十万千百十元角分		亿千百十万千百十元角分	
05	01			承前页			平	0 0 0	☐
	01	记	012	领用原材料	3 5 0 0 0 0		借	3 5 0 0 0 0	☐
	12	记	014	分配工资	2 0 0 0 0 0 0		借	2 3 5 0 0 0 0	☐
	31	记	138	冲销5月1日第012号凭证	3 5 0 0 0 0		借	2 0 0 0 0 0 0	☐
									☐
									☐
									☐
									☐

* 说明:冲销行次为红字登记账簿

图3-64　冲销凭证和更正凭证登账后的制造费用总分类账

分页: 12 总页:

总分类账

科目:原材料

2011年		凭证		摘 要	借 方	贷 方	借或贷	余 额	√
月	日	字	号		亿千百十万千百十元角分	亿千百十万千百十元角分		亿千百十万千百十元角分	
05	01			承前页			借	2 3 5 0 0 0 0 0	☐
	01	记	012	领用原材料		3 5 0 0 0 0	借	2 0 0 0 0 0 0	☐
	18	记	045	领用原材料		2 0 0 0 0 0 0	借	4 0 0 0 0 0 0	☐
	31	记	138	冲销5月1日第012号凭证		3 5 0 0 0 0	借	4 3 5 0 0 0 0	☐
	31	记	139	更正5月1日第012号凭证		3 5 0 0 0 0	借	4 0 0 0 0 0 0	☐
									☐
									☐
									☐
									☐

* 说明:冲销行次为红字登记账簿

图3-65　冲销凭证和更正凭证登账后的原材料总分类账

分页: **44**　总页:

总 分 类 账

科目: 生产成本

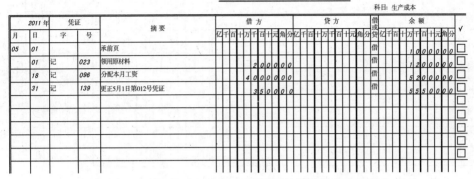

2011年		凭证		摘要	借方										贷方										借或贷	余额										√
月	日	字	号		亿	千	百	十	万	千	百	十	元	角	分	亿	千	百	十	万	千	百	十	元	角	分		亿	千	百	十	万	千	百	十	元	角	分	
05	01			承前页																							借			1	0	0	0	0	0	0			☐
	01	记	023	领用原材料				2	0	0	0	0	0	0													借			1	2	0	0	0	0	0			☐
	18	记	096	分配本月工资			4	0	0	0	0	0	0	0													借			5	2	0	0	0	0	0			☐
	31	记	139	更正5月1日第012号凭证				3	5	0	0	0	0														借			5	5	5	0	0	0	0			☐
																																						☐
																																						☐
																																						☐
																																						☐

图 3-66　冲销凭证和更正凭证登账后的生产成本总分类账

2. 两步红字更正法规范示例

在记账后,发现记账凭证中应借、应贷的账户没有错,只是所填金额大于应填金额,则采用两步红字更正法。

[例3-9]2011年06月30日,北京化工有限公司发现记账凭证编制有误,并已经登记入账。实际单据、凭证、账簿如图3-67至图3-70所示。

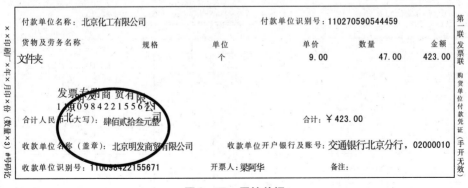

图 3-67　原始单据

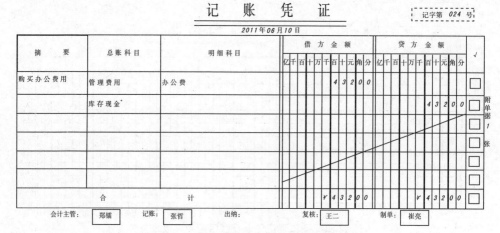

记 账 凭 证

2011年06月10日

记字第 024 号

摘 要	总账科目	明细科目	借方金额									贷方金额									√
			亿	千	百	十	万	千	百	十	元	角	分	亿	千	百	十	万	千	百	十	元	角	分	
购买办公费用	管理费用	办公费						4	3	2	0	0												☐
	库存现金																		4	3	2	0	0	☐
																							☐
																							☐
																							☐
合	计						¥	4	3	2	0	0						¥	4	3	2	0	0	☐

附单据 1 张

会计主管: 郑镭　记账: 张哲　出纳:　复核: 王二　制单: 崔亮

图 3-68　根据原始单据编制的记账凭证

分页: 35　总页:

总 分 类 账

科目:管理费用

2011年		凭证		摘要	借方										贷方									借或贷	余额									√
月	日	字	号		亿	千	百	十	万	千	百	十	元	角	分	亿	千	百	十	万	千	百	十	元	角	分		亿	千	百	十	万	千	百	十	元	角	分	
06	01			承前页																					平								0	0	0	☐
	01	记	012	购买报刊费				3	5	0	0	0	0												借					3	5	0	0	0	0	☐
	10	记	024	购买办公费用					4	3	2	0	0												借					3	9	3	2	0	0	☐
																																			☐
																																			☐
																																			☐
																																			☐
																																			☐

图 3-69　根据记账凭证登记管理费用总分类账

分页: 1　总页:

总 分 类 账

科目:库存现金

2011年		凭证		摘要	借方										贷方									借或贷	余额									√
月	日	字	号		亿	千	百	十	万	千	百	十	元	角	分	亿	千	百	十	万	千	百	十	元	角	分		亿	千	百	十	万	千	百	十	元	角	分	
06	01			承前页																					借				2	3	5	3	2	0	0	☐
	01	记	012	购买设备														1	0	0	0	0	0	0		借				1	3	5	3	2	0	0	☐
	10	记	024	购买办公费																4	3	2	0	0		借				1	3	1	0	0	0	0	☐
																																				☐
																																				☐
																																				☐
																																				☐

图 3-70　根据记账凭证登记库存现金总分类账

要求:请根据例3-9的错误,进行错账更正。

两步红字更正法的具体步骤如下:第一步,填制一张红字金额记账凭证,在"金额"栏中填列多计的金额,在"摘要"栏内注明"冲转第×号凭证多计数",见图3-71。

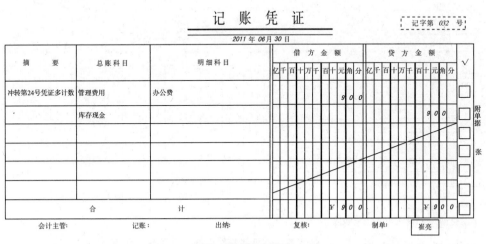

图 3-71　更正凭证

第二步:根据更正记账凭证,用红字金额登记账簿,冲销原来多计的金额,见图3-72至图3-73。

总 分 类 账

分页: 35 总页:

科目:管理费用

2011年		凭证		摘要	借方										贷方										借或贷	余额										√
月	日	字	号		亿	千	百	十	万	千	百	十	元	角	分	亿	千	百	十	万	千	百	十	元	角	分		亿	千	百	十	万	千	百	十	元	角	分	
06	01			承前页																							平									0	0	0	□
	01	记	012	购买报刊费					3	5	0	0	0	0													借							3	5	0	0	0	0	□
	10	记	024	购买办公费用						4	3	2	0	0													借							3	9	3	2	0	0	□
	30	记	032	冲转第24号凭证多计数							9	0	0														借							3	9	2	3	0	0	□
																																						□
																																						□
																																						□

* 说明:更正行次为红字登记账簿

图 3-72　根据更正凭证登账后的管理费用总分类账

分页： 1 总页：

总 分 类 账

科目：库存现金

2011年		凭证		摘要	借方	贷方	借或贷	余额	√
月	日	字	号		亿千百十万千百十元角分	亿千百十万千百十元角分		亿千百十万千百十元角分	
06	01			承前页			借	2 3 5 3 2 0 0	☐
	01	记	012	购买设备		1 0 0 0 0 0 0	借	1 3 5 3 2 0 0	☐
	10	记	024	购买办公费		4 3 2 0 0	借	1 3 1 0 0 0 0	☐
	30	记	028	支付水电费		1 0 0 0 0 0	借	1 2 1 0 0 0 0	☐
	30	记	032	冲转第24号凭证多计数		9 0 0	借	1 2 1 0 9 0 0	☐
									☐
									☐
									☐
									☐

* 说明：更正行次为红字登记账簿

图3-73 根据更正凭证登账后的库存现金总分类账

(三) 补充登记法

补充登记法适用情况：记账凭证填错，并已经登记入账的错账。主要是根据记账凭证登记账簿，发现记账凭证中应借、应贷的会计账户正确，但所填的金额小于正确金额的情况。

1. 规范示例

[例3-10]2011年06月30日，北京化工有限公司发现记账凭证编制有误，并已经登记入账。实际单据、凭证、账簿见图3-74至图3-77。

北京市国家税务局通用机打发票

国家税务局监制

发 票 联

机打代码 107101350235
机打号码 16723458
开票日期：2011年06月30日

行业分类：

发票代码 107101350235

发票号码 16723458

付款单位名称：北京化工有限公司

付款单位识别号：110270590544459

货物及劳务名称	规格	单位	单价	数量	金额
文件夹		个	18.00	24	432.00

发票专用章

110098422155671 发商贸有限公司

合计人民币（大写）：肆佰叁拾贰元整

合计：￥432.00

收款单位名称（盖章）：北京明发商贸有限公司   收款单位开户银行及账号：交通银行北京分行，02000010

收款单位识别号：110098422155671   开票人：梁阿华   备注：

第一联 发票联 购货单位付款凭证（手开无效）

××印刷厂×年×月印×份（数量×3）#号记

图 3-74   原始单据

记 账 凭 证

记字第 024 号

2011 年 06 月 10 日

摘　　　要	总账科目	明细科目	借方金额 亿千百十万千百十元角分	贷方金额 亿千百十万千百十元角分	√
购买办公用品	管理费用	办公费	4 2 3 0 0		□
	库存现金			4 2 3 0 0	□
					□
					□
					□
					□
					□
合　　　计			￥4 2 3 0 0	4 2 3 0 0	

附单据 1 张

会计主管： 郑镭   记账： 张哲   出纳：   复核： 王二   制单： 崔亮

图 3-75   根据原始单据编制的记账凭证

分页: 35 总页:

总分类账

科目:管理费用

2011年		凭证		摘要	借方											贷方											借或贷	余额											√
月	日	字	号		亿	千	百	十	万	千	百	十	元	角	分	亿	千	百	十	万	千	百	十	元	角	分		亿	千	百	十	万	千	百	十	元	角	分	
06	01			承前页																							平									0	0	0	□
	01	记	012	购买报刊费						3	5	0	0	0	0												借						3	5	0	0	0	0	□
	10	记	024	购买办公费用							4	2	3	0	0												借						3	9	2	3	0	0	□

图 3-76 根据记账凭证登记管理费用总分类账

分页: 1 总页:

总分类账

科目:库存现金

2011年		凭证		摘要	借方											贷方											借或贷	余额											√
月	日	字	号		亿	千	百	十	万	千	百	十	元	角	分	亿	千	百	十	万	千	百	十	元	角	分		亿	千	百	十	万	千	百	十	元	角	分	
06	01			承前页																							借					2	3	5	3	2	0	0	□
	01	记	012	购买设备																1	0	0	0	0	0	0	借					1	3	5	3	2	0	0	□
	10	记	024	购买办公费																		4	2	3	0	0	借					1	3	1	0	9	0	0	□

图 3-77 根据记账凭证登记库存现金总分类账图示

2. 填制说明

具体操作如下:按少记的金额用蓝字填制一张记账凭证,在"摘要"栏中写明"补记第×号凭证少计数",并据以登记入账,以补充登记少记的金额。

要求:请根据例 3-10 的错误进行错账更正,见图 3-78 至图 3-80。

记 账 凭 证

记字第 056 号

2011 年 06 月30 日

摘　　要	总账科目	明细科目	借 方 金 额										贷 方 金 额										√
			亿	千	百	十	万	千	百	十	元	角	分	亿	千	百	十	万	千	百	十	元	角	分	
补记6月10日第024号凭证	管理费用	办公费									9	0	0												☐
	库存现金																				9	0	0	☐
																								☐
																								☐
																								☐
合　　　　计									¥	9	0	0							¥	9	0	0	☐

会计主管：　　　记账：　　　出纳：　　　复核：　　　制单： 崔亮

图 3-78　补充凭证

分页：35　总页：

总 分 类 账

科目:管理费用

2011年		凭证		摘　要	借 方										贷 方										借或贷	余　额										√
月	日	字	号		亿	千	百	十	万	千	百	十	元	角	分	亿	千	百	十	万	千	百	十	元	角	分		亿	千	百	十	万	千	百	十	元	角	分	
06	01			承前页																							平												☐
	01	记	012	购买报刊费				3	5	0	0	0	0														借					3	5	0	0	0	0		☐
	10	记	024	购买办公费用					4	2	3	0	0														借					3	9	2	3	0	0		☐
	30	记	032	补充第024号少计数							9	0	0														借					3	9	3	2	0	0		☐
																																					☐
																																					☐
																																					☐
																																					☐
																																					☐
																																					☐
																																					☐
																																					☐

图 3-79　根据补充凭证登账后的管理费用总分类账

分页：1　总页：

总 分 类 账

科目：库存现金

2011年		凭证		摘　要	借方 亿千百十万千百十元角分	贷方 亿千百十万千百十元角分	借或贷	余额 亿千百十万千百十元角分	√
月	日	字	号						
06	01			承前页			借	2 3 5 3 2 0 0	☐
	01	记	012	购买设备		1 0 0 0 0 0 0	借	1 3 5 3 2 0 0	☐
	10	记	024	购买办公费		4 2 3 0 0	借	1 3 1 0 9 0 0	☐
	30	记	028	支付水电费		1 0 0 0 0 0	借	1 2 1 0 9 0 0	☐
	30	记	032	补充第024号少计数		9 0 0	借	1 2 1 0 0 0 0	☐
									☐
									☐
									☐
									☐
									☐

图 3 - 80　根据补充凭证登账后的库存现金总分类账

第四章　产品成本核算

产品成本核算是成本管理工作的重要组成部分,成本核算的准确与否,将直接影响企业的成本预测、计划、分析、考核等控制工作,同时也会对企业的成本决策和经营决策产生重大影响。

一、产品成本核算含义

产品成本核算是指按一定的成本对象归集生产费用,以便计算出各种产品总成本和单位成本的方法。通过成本核算,可以计算出产品实际成本,可以作为生产耗费的补偿尺度,可以确定企业盈利的依据,便于有关部门制定产品价格和企业编制财务成本报表。通过产品成本核算,反映和监督各项消耗定额及成本计划的执行情况,可以控制生产过程中人力、物力和财力的耗费,从而做到增产节约、增收节支。同时,利用成本核算资料,开展对比分析,还可以查明企业生产经营过程中的成绩和不足,从而采取措施,改善经营管理,促使企业进一步降低产品成本。通过在产品成本的核算,还可以反映和监督在产品占用资金的增减变动和结存情况,为加强在产品资金的管理、提高资金周转速度。通过产品成本的核算计算出的产品实际成本资料,可与产品的计划成本、定额成本或标准成本等指标进行对比,除可对产品成本升降的原因进行分析外,还可据此对产品的计划成本、定额成本或标准成本进行适当的修改,使其更加接近实际。

二、产品成本核算程序

在实际工作中,由于企业生产情况错综复杂,对成本核算要求也不尽相同,这主要取决于企业的生产特点。例如,有的企业只要求计算产成品的成本,而有的企业不仅要计算产成品的成本.而且要计算各个步骤半成品的成本。有的企业要求按月计算成本,而有的企业可能只要求在整批产品完工后才计算成本等。但不管采用何种核算方法,基本要按照以下程序开展成本核算工作。

（一）确定成本计算方法

不同的企业,由于生产的工艺过程、生产组织以及成本管理要求不同,成本计算的方法也不一样。不同成本计算方法的区别主要表现在三个方面:一是成本计算对象不同;二是成本计算期不同;三是生产费用在产成品和半成品之间的分配情况不同。常用的成本计算方法主要有品种法、分批法和分步法。

1. 品种法

品种法是以产品品种作为成本计算对象来归集生产费用、计算产品成本的一种方法。由于品种法不需要按批计算成本,也不需要按步骤来计算半成品成本,因而这种成本计算方法比较简单。品种法一般按月定期计算产品成本,也不需要把生产费用在产成品和半成品之间进行分配。

2. 分批法

分批法也称定单法,是以产品的批次或定单作为成本计算对象来归集生产费用、计算产品成本的一种方法。分批法的成本计算期是不固定的,一般把一个生产周期(从投产到完工的整个时期)作为成本计算期定期计算产品成本。由于在未完工时没有产成品,完工后又没有在产品,产成品和在产品不会同时并存,因而也不需要把生产费用在产成品和产成品之间进行分配。

3. 分步法

分步法是按产品的生产步骤归集生产费用、计算产品成本的一种方法。分步法由于生产的数量大,在某一时间上往往既有已完工的产成品,又有未完工的在产品和半成品,不可能等全部产品完工后再计算成本。因而分步法一般是按月定期计算成本,并且要把生产费用在产成品和半成品之间进行分配。

（二）设置有关的成本计算账户

工业企业要开设的成本账户包括"生产成本"账户和"制造费用"账户。

1. "生产成本"账户

为了计算产品的成本,需要设置一个专门的账户,即"生产成本"账户。该账户核算企业进行工业性生产发生的各项生产成本,其借方汇集为生产产品而发生的各种费用,贷方反映产品完工转出的制造成本。

"生产成本"总账下的明细账户可以直接是企业生产的产品的名称,如"A 产品"、"B产品"等。但如果企业存在多个车间,特别存在辅助生产车间时,辅助生产也是一种生产活动,它为基本生产活动提供必要的产品和劳务,也要消耗各种生产费用,同样要计算产品成本。则可设两个明细账户:一是"基本生产成本",用于核算某种产品的生产成本。基本生产成本应当分别按照基本生产车间和成本核算对象(产品的品种、类别、定单、批别、生产阶段等)设置明细账(成本计算单),并按规定的成本项目设置专栏。如"生产成本——基本生产成本——加工车间——A产品"。二是"辅助生产成本",用于核算为生产产品服务的有关生产部门的成本。辅助生产成本期末应当对共同负担的费用按照一定的分配标准分配给各受益对象。

辅助生产较多的企业,将"基本生产成本"和"辅助生产成本"作为总账科目。

2."制造费用"账户

制造费用是工业企业为生产产品(提供劳务)而发生的,应计入产品成本、但没有专设成本项目的各项生产费用。期末,将共同负担的制造费用按照一定的分配标准分配计入各成本核算对象,除季节性生产外,本科目期末应无余额。

(三)产品相关成本费用的归集和分配

对于某种产品的成本计算来说,发生的费用无非是两种:直接费用和间接费用。直接费用一般包括直接材料和直接人工。直接材料是指产品消耗的各有关材料,这些材料构成某种产品的实体,一般在领料时就直接记入"生产成本"账户。直接人工是指消耗各有关人工费用,包括工资、福利费等,这些生产工人的劳动直接用于某种产品的制造,直接记入"生产成本"账户。间接费用即共同性的、不是直接为生产某种产品服务的费用。如果企业只生产一种产品,则直接费用和间接费用并没有差别,都应该直接计入产品成本。但是,企业一般都是生产多种产品,则间接费用不直接记入"生产成本"账户,而是先在"制造费用"账户中汇集,然后再分摊入各个不同产品的成本,记入"生产成本"账户。制造费用是产品制造企业为了生产产品和提供劳务而发生的各种间接费用,比如共同耗用的材料、车间管理人员工资、车间水电费、车间设备修理费等。

1. 材料费用的归集和分配

企业在生产活动中耗用的材料费用,是根据领退料凭证,按照领料的部门和用途计入相应的成本费用。

(1)对于应计入产品成本的工业生产用料,应按照产品品种和成本项目归集和分配;用于构成产品实体的原料及主要材料和有助于产品形成的辅助材料,记入"生产成本"账户及所属明细账的"直接材料"项目,记账科目级次为"生产成本——基本生产成本——A产品——直接材料"。

(2)用于生产的燃料,记入"生产成本"账户及其所属明细账"燃料和动力"项目,记账科目级次为"生产成本——基本生产成本——A产品——燃料和动力"或"生产成本——辅助生产成本——燃料和动力"。

(3)用于维护生产设备和管理生产的各种材料,先在"制造费用"账户予以归集,然后分配转入"生产成本"账户及其所属明细账的"制造费用"项目。

(4)对于不应计入产品成本而属于期间费用的材料费用,应记入"管理费用"、"销售费用"账户。

(5)对于用来购建固定资产、其他资产方面的材料费用,应计入有关的资产价值,不得列入产品成本或期间费用。

在实际工作中,材料费用的分配一般是通过"材料费用分配表"进行的,这种分配表应该按照材料的用途和材料的类别,根据归类后的凭证编制。如果材料按计划成本核算,还应分配材料成本差异额。

[例4-1]请根据材料费用分配表编制会计分录(见表4-1)。

表4-1 材料费用分配表

2008年3月 单位:元

应借账户		成本项目	直接计入	分配计入	费用合计
基本生产成本	A产品	原材料	75600	22680	98280
	B产品	原材料	41700	12510	54210
	小计		117300	35190	152490
制造费用	基本生产车间	机物料消耗	2360		2360
辅助生产成本	机修车间	机物料消耗	1410		1410
	运输车间	机物料消耗	1100		1100
	小计		2510		2510
销售费用		包装物	500		500
管理费用		其他材料	860		860
合计			123530	35190	158720

根据"材料费用分配表",应作如下会计分录:

借:生产成本——基本生产成本(A产品)98280

——基本生产成本(B产品)54210

生产成本——辅助生产成本——机修车间 1410

——辅助生产成本——运输车间 1100

制造费用2360

销售费用500

管理费用860

贷:原材料(各有关明细账)158720

2.人工费用的归集和分配

企业的工资核算主要是通过"应付职工薪酬"账户进行。按照规定,凡直接从事产品生产的生产工人工资费用,应直接记入"生产成本"的直接人工项目。实行计件工资的企业,计件工资应按照规定直接计入有关的成本计算对象中去。如果企业生产多种产品,生产工人工资则应采用适当方法在各产品之间分配。工资费用的分配标准一般有按实际工时比例分配和按定额工时比例分配等,其计算公式如下:

某产品应负担的工资费用=该产品的实际(定额)工时×工资费用分配率

工资费用分配率=生产工人工资总额/各产品的实际工时(定额)之和

基本生产车间管理人员的工资,应记入"制造费用"账户;辅助生产车间人员的工资,应记入"生产成本——辅助生产成本"账户;企业行政管理部门人员的工资,则应记入"管理费用"账户。

在实际工作中,人工费用是通过编制"工资费用分配汇总表"进行分配,分配本月职工工资时,一般根据职工服务对象,即受益对象的不同编制会计分录。

[例4-2]某工业公司2008年1月的生产工人费用为4662元,按照生产工时比例分配:甲产品生产工时为6990小时,乙产品生产工时为4665小时。

1月该公司的"工资费用分配汇总表"见表4-2。

表4-2 工资费用分配汇总表

2014年1月

应借账户			生产工时(小时)	分配率(元)	人工费用		合计(元)
一级账户	二级明细账户				基本工资(元)	工资性支出	
生产成本	基本生产成本	甲产品	6990	0.4	2796		2796
		乙产品	4665	0.4	1866		1886
		小计	11655		4662		4662
	辅助生产成本	机修车间			500		500
		蒸汽车间			500		500
制造费用	第一车间				1000		1000
管理费用					10000		10000

其中:分配率 = 4662 ÷ 11655 = 0.4
甲产品负担的工资 = 6990 × 0.4 = 2796
乙产品负担的工资 = 4665 × 0.4 = 1866
根据"工资费用分配汇总表"作会计分录如下:
借:生产成本——基本生产成本(甲产品)   2796
         ——基本生产成本(乙产品)   1866
   生产成本——辅助生产成本(机修车间)   500
         ——辅助生产成本(蒸汽车间)   500
   制造费用   1000
   管理费用   10000
   贷:应付职工薪酬——基本工资   16662

3. 辅助生产费用的归集和分配

辅助生产费用的归集和分配按以下步骤进行:

(1)辅助生产费用的归集。辅助生产费用的归集是通过辅助生产成本总账及明细账进行。一般按车间及产品和劳务设立明细账。当辅助生产发生各项费用时记入"生产成本——辅助生产成本"总账及所属明细账。一般情况下,辅助生产的制造费用,与基本生产的制造费用一样,先通过"制造费用"科目进行单独归集,然后再转入"生产成本——辅助生产成本"科目。对于辅助生产车间规模很小、制造费用很少且辅助生产不对外提供产品和劳务的,为简化核算工作,辅助生产的制造费用也可以不通过"制造费用"科目,而直接记入"辅助生产成本"科目。

(2)辅助生产费用的分配。

第一种方法:直接分配法。这种方法特点:不考虑各辅助生产车间之间相互提供劳务或产品的情况,而是将各种辅助生产费用直接分配给辅助生产以外的各受益单位。采用此方法,各辅助生产费用只进行对外分配,分配一次,计算简单,但分配结果不够准确。适用于辅助生产内部相互提供产品和劳务不多、不进行费用的交互分配、对辅助生产成本和企业产品成本影响不大的情况。

第二种方法:交互分配法。这种方法特点是:辅助生产费用通过两次分配完成,首先将辅助生产明细账上的合计数根据各辅助生产车间、部门相互提供的劳务数量计算分配率,在辅助生产车间进行交互分配;然后将各辅助生产车间交互分配后的实际费用(交互前的费用加上交互分配转入的费用,减去交互分配转出的费用),再按提供的劳务量在辅助生产车间以外的各受益单位之间进行分配。这种分配方法的优点是提高了分配的正确性,但同时加大了分配的工作量。

第三种方法:按计划成本分配法。这种方法特点:辅助生产为各受益单位提供的劳务,都按劳务的计划单位成本进行分配,辅助生产车间实际发生的费用(包括辅助生产内部交互分配转入的费用）与按计划单位成本分配转出的费用之间的差额采用简化计算方法全部计入管理费用。这种方法便于考核和分析各受益单位的成本,有利于分清各单位的经济责任。但成本分配不够准确,适用于辅助生产劳务计划单位成本比较准确的企业。

第四种方法:顺序分配法。这种方法特点:按照辅助生产车间受益多少的顺序分配费用,受益少的先分配,受益多的后分配,先分配的辅助生产车间不负担后分配的辅助生产车间的费用。适用于各辅助生产车间之间相互受益程序有明显顺序的企业。

第五种方法:代数分配法。这种方法特点:先根据解联立方程的原理,计算辅助生产劳务或产品的单位成本,然后根据各受益单位耗用的数量和单位成本分配辅助生产费用。此方法有关费用的分配结果最正确,但在辅助生产车间较多的情况下,未知数也较多,计算工作比较复杂,因此,本方法适用于已经实现电算化的企业。

4.制造费用的归集和分配

企业发生的各项制造费用,根据有关付款凭证,各项要素费用分配表,辅助生产费用分配表等,将有关费用记入"制造费用"账户及各明细账户有关项目栏。月终采用适当的分配方法,将这些费用在各种产品之间进行分配,计入各产品成本的制造费用项目栏。

制造费用通常采用一定的标准进行分配。制造费用分配的方法有按产品的实用工时比例分配、按生产工人工资比例分配、按机器工时比例分配、按产品产量比例分配等。季节性生产的企业,为了使单位成本中制造费用不致因为生产的季节性而发生较大的波动,可采取按计划分配率的方法,即根据当月的产量和制造费用计划分配率分配本月应负担的制造费用。年终时再将实际发生的制造费用与按计划分配率分配的制造费用的差额进行调整。具体计算公式如下:

制造费用分配率 = 待分配制造费用总额/分配标准总额

某种产品的应负担的分配额 = 该产品的分配标准额 × 制造费用分配率

如果存在分配率除不尽,则分配时尾差一般由最后一个项目承担。

例如,某车间本月生产的A、B两种产品归集的本月制造费用总额是10000元,制造费用按生产工时在两种产品间分配(A产品生产工时为1000小时;B产品生产工时为700小时)。则A产品和B产品各应承担多少制造费用。

制造费用分配率 = 10000 ÷ (1000 + 700) = 5.8824(四舍五入小数点后保留4位)

A产品分摊的制造费用 = 1000 × 5.8824 = 5882.4(元)

B产品分摊的制造费用 = 10000 − 5882.4 = 4117.6(元)

借:生产成本 ——基本生产成本(A产品)

             ——基本生产成本(B产品)

贷:制造费用——××车间

(四)产成品成本的计算

通过上述各项费用的归集和分配,基本生产车间在生产过程中发生的各项费用,已经集中反映在"生产成本——基本生产成本"科目及其明细账的借方,并按成本项目予以反映。如果企业或车间月末没有在产品或不计算在产品成本,则完工产品的总成本是生产成本账户的期初余额加上本期发生的全部生产成本。如果月末既有完工产品又有在产品,那么应由本月产品负担的费用(包括月初在产品成本加上本月发生的应由本月产品负担的生产费用),就要在本月完工产品和月末在产品之间进行分配,以求得本月完工产品总成本和单位产品成本。"生产成本"账户的有关数据之间有下列关系:

期初余额 + 本期发生的全部生产成本 = 期末在产品成本 + 产成品成本

产成品成本 = 期初余额 + 本期发生的全部生产成本 − 期末在产品成本

也就是说,产成品成本的计算问题,即要把总成本在期末在产品和产成品之间进行分配。完工产品与在产品之间的成本分配要考虑完工程度。生产费用在完工产品与在产品之间的分配,在成本计算工作中是一个重要而又比较复杂的问题。企业应当根据产品的生产特点,如月末结存在产品数量的多少、各月月末在产品结存数量变化的大小、月末结存在产品价值的大小、各项费用在成本中所占比重的大小以及企业定额管理基础工作的扎实与否等,结合企业的管理要求,选择既合理又简便的分配方法。通常有以下六种用于分配生产费用的方法:

第一种,不计算在产品成本(在产品成本为零),通常自来水生产企业、采掘企业等可采用此方法。

第二种,在产品成本按年初数固定计算,例如,冶炼、化工企业的产品,由于高炉和化学反应装置的容积固定,其在产品成本就可采用这种方法。

第三种,在产品成本按其所耗用的原材料费用计算,例如,纺织、造纸和酿酒等工业的产品,都可以采用这种方法。

第四种,约当产量法,这种方法适用范围较广泛,特别是月末在产品结存数量较大,且各月月末在产品结存不稳定,变化比较大,其他分配方法受到限制,不宜采用时,尤为适合。

第五种,在产品成本按定额成本计算。

第六种,定额比例法,它适用于各项消耗定额比较健全、稳定,定额管理基础比较好的,各月末在产品数量变动较大的产品。

产成品成本计算出来后,还要用产成品总成本除以总产量,求得单位成本,这样产品成本计算才全部结束。

第五章　结账和对账

我国会计法中规定,各单位应当定期将会计账簿与实物、款项及有关资料相互核对,保证会计账簿记录与实物及款项的实有数字相符、会计账簿记录与会计凭证的有关内容相符,会计账簿之间相对应的记录相符、会计账簿记录与会计报表的有关内容相符。

一、结账的含义

结账就是定期(按照月度、季度、年度)结算账簿,即在将每个月或每季、每年所发生的经济交易或经济事项全部登记入账的基础上,结出各个账户的本期发生额和期末余额,以便反映当期经济业务对会计要素的影响,为进一步编制会计报表提供依据。会计人员应按照规定,对现金、银行存款日记账按日结账,对其他账户按月、季、年结账。

二、结账的程序和结账的方法

结账前应注意从以下几个方面进行检查:第一,是否已经将全部经济业务登记入账,若发现漏账、错账,应及时补记,是否已经将错误记录予以更正等,应确保不存在漏账、错账的情况。第二,在实行权责发生制的单位,应按照权责发生制的要求,进行账项调整的账务处理,以计算确定本期的成本、费用、收入和财务成果。第三,将损益类科目转入"本年利润"科目,结平所有损益类科目。实际中不能为了结账而提前或推后处理会计业务。一般而言,企业开设的所有账户都应当按期结账。当然,如果当期某个账户没有任何记录,则该账户不需要结账。

(一)结账的程序

第一,将本期内发生的经济交易、事项全部登记入账。不能为了编会计报表而提前结账,也不能把本期发生的交易、事项延至后期入账。

第二,调整账项。即按照权责发生制和配比原则的要求,在期末摊销费用或收入,计提费用或收入,正确划分收入和费用的归属期间,使收入和费用均衡。

第三,办理其他转账交易、事项。例如,结转制造费用,结转完工产品成本,结转已销产品的生产成本,结转收入和费用类账户至"本年利润"账户,提取固定资产折旧,提取福利费等。

第四,计算、登记有关账户的本期发生额和期末余额。

(二) 结账的方法

在会计事务中,结账通常采用划线的方法。即期末结出各账户的本期发生额和期末余额后,加划线以标记,将期末余额结转下期。

1. 月结

月结是指月末进行结账。月末结账时要在该月最后一笔经济业务下面划一条通栏单红线,在红线下"摘要"栏内注明"本月合计"、"本月发生额及余额"字样,在"借方"栏、"贷方"栏或"余额"栏分别填入本月合计数和月末余额,同时在"借或贷"栏内注明借贷方向。然后,在这一行下面再划一条通栏红线,表示月结完毕,如图5-1所示。

银行存款日记账

第 3 页

开户行: 交通银行北京分行
账号: 020000100901213644121

2011年		凭证		摘要	借方										贷方										余额										核对
月	日	种类	号数		亿	千	百	十	万	千	百	十	元	角	分	亿	千	百	十	万	千	百	十	元	角	分	亿	千	百	十	万	千	百	十	元	角	分	
03	01			承前页				3	0	0	0	0	0	0	0				2	8	0	0	0	0	0	0				1	4	0	0	0	0	0	0	□
03	01	银付	001	提现备用																2	0	0	0	0	0	0				1	3	8	0	0	0	0	0	□
03	01	银付	002	支付购货款															1	1	7	0	0	0	0				1	2	6	3	0	0	0	0	□
03	01	银付	003	支付购货款															2	3	4	0	0	0	0				1	0	2	9	0	0	0	0	□
03	02	银付	004	预付货款															1	0	0	0	0	0	0					9	2	9	0	0	0	0	□
03	02	银收	001	出售材料收入					1	1	7	0	0	0	0														1	0	4	6	0	0	0	0	□
03	03	银付	005	提现备发工资															1	2	0	0	0	0	0					9	2	6	0	0	0	0	□
03	07	银付	006	支付销售运费																2	0	0	0	0	0					9	0	6	0	0	0	0	□
03	08	银付	007	购买电脑																4	5	0	0	0	0					8	6	1	0	0	0	0	□
03	13	银收	002	销售二丙烯基醚商品				2	3	4	0	0	0	0														1	0	9	5	0	0	0	0	□
03	23	银收	003	销售甘油丙烯醚商品				3	5	1	0	0	0	0														1	4	4	6	0	0	0	0	□
03	24	银收	004	销售甘油丙烯醚商品				4	6	8	0	0	0	0														1	9	1	4	0	0	0	0	□
03	25	银付	008	支付税款															1	2	0	0	0	0	0				1	7	9	4	0	0	0	0	□
03	31			本月合计				1	1	7	0	0	0	0	0				7	7	6	0	0	0	0	0				1	7	9	4	0	0	0	0	□
																																					□
																																					□
																																					□

图 5-1 月结

2. 季结

季结是指每季度末进行结账。季结方法同月结类似,办理季结时,应在完成每季度第三个月的月结工作后,在月结的红线下面摘要栏内注明"本季合计"或"本季发生额及余额"字样,同时结出本季发生额和季末余额。然后,在季结的下面划一条通栏单红线,表示季结的结束。

3.年结

年结是指每年末进行结账。办理年结时,应在各账户 12 月份月结的红线下面(需办理季结的,应在第 4 季度季结的红线下面)摘要栏内注明"本年合计"或"本年发生额及余额"字样,同时结出本年发生额和年末余额;然后,在这一行下面划上通栏双红线。

4.年度结转

年度结账后,总账和日记账应当更换新账,明细账一般也应更换。但有些明细账,如固定资产明细账等可以连续使用,不必每年更换。因此,部分账簿就涉及年度结转。年度终了,在结束旧账、建立新账时,需要把各账户的期末余额结转到下一会计年度,变成下一会计年度的年初余额。为此,需要把账户本年度年初借(贷)方余额,再列在"本年累计"下一行的借(贷)方栏内,并在摘要栏内注明"上年结余"字样。将本年度年末余额反方向填列在"上年结余"下一行的借(贷)方栏内,并在摘要栏内注明"结转下年"字样。最后再合计并在下面划两条通栏红线,表示封账。在下一会计年度新建有关会计账簿的第一行余额栏内填写上年结转的余额,并在摘要栏注明"上年结转"字样。

[例 5-1]12 月业务结束后,请进行月结、季结、年结和年度结转(见图 5-2)。

分页:10　总页:

总 分 类 账

科目:库存现金

2011年		凭证		摘要	借方	贷方	借或贷	余额	√
月	日	字	号		亿千百十万千百十元角分	亿千百十万千百十元角分		亿千百十万千百十元角分	
12	01			承前页	200088000	21604180	借	4179000	
12	31	现汇收	1	12月汇总库存现金收款凭证	28000000		借	6979000	
12	31	现汇付	2	12月汇总库存现金付款凭证		65000000	借	4179000	
12	31			本月合计	28000000	65000000	借	4179000	
12	31			本季累计	68000000	105000080	借	4179000	
12	31			本年累计	1044960000	108104180	借	4179000	
12	31			上年结余	40871180				
12	31			结转下年		4790000			
12	31			合计	108583180	108583180			

图 5-2　年结和年度结转

三、对账的含义

对账就是核对账目，是指在会计核算中，为保证账簿记录正确可靠，对账簿中的有关数据进行检查和核对的工作。对账的内容主要包括账证核对、账账核对和账实核对三个方面。

（一）账证核对

账证核对，是指将各种账簿（总分类账、明细分类账、现金日记账和银行存款日记账）的记录与有关的会计凭证（记账凭证与所依附的原始凭证）相核对。这种核对主要是在日常编制记账凭证和记账过程中进行的。月末，当发现账账不符时，就应回头再进行账证核对，以查明原因。此时，只需要抽查与账账不符或账实不符有关的凭证即可，不一定要核对全部记账凭证。账证核对的目的是为了实现账证一致，进而在账证一致的基础上实现账账一致和账实一致。

核对账证是否相符的主要方法如下：看总账与记账凭证汇总表是否相符；看记账凭证汇总表与记账凭证是否相符；看明细账与记账凭证及所涉及的支票号码及其他结算票据种类等是否相符。

（二）账账核对

账账核对是指对各种账簿与账簿之间的有关记录相核对，以保证账账相符。具体是对各种账簿之间有关发生额和期初、期末余额的核对。主要包括：总分类账全部账户的核对；总分类账簿与日记账簿核对；总分类账簿与所属明细分类账簿核对；明细分类账簿之间的核对。

1. 总分类账全部账户的核对

可以通过编制试算平衡表进行检查。

（1）发生额的核对。即全部账户本期借方发生额合计必然等于全部账户本期贷方发生额合计，二者核对应相符。

（2）余额核对。即全部账户本期借方余额合计必然等于全部账户本期贷方余额合计，二者核对应相符。由于余额合计包括期初余额合计和期末余额合计两个方面，所以余额核对又包括期初余额核对和期末余额核对两个方面。

2. 总分类账与现金日记账、银行存款日记账的核对

具体而言,总分类账中的"库存现金"账户应与现金日记账进行本期发生额和期末余额的核对,使二者相符。总分类账中的"银行存款"账户应与银行存款日记账进行本期发生额和期末余额的核对,使二者相符。

3. 总分类账有关账户与所属的明细分类账的核对

可以通过编制明细分类账本期发生额及余额明细表或财产物资的收发结存表与总分类账户核对,如有不符,应进一步查找差错原因。

(1)发生额的核对。即总分类账某一账户的本期发生额必然等于所属的明细分类账户的本期发生额之和,二者核对应相符。其中本期发生额核对又包括借方发生额核对和贷方发生额核对两个方面。

(2)余额核对。即总分类账某一账户的期末余额必然等于所属的明细分类账户的期末余额之和,二者核对应相符。

4. 会计部门各种财产物资明细账与财产物资保管部门记录核对

会计部门的各种财产物资明细账期末余额应与财产物资保管和使用部门的有关财产物资明细账期末余额核对相等。

(三)账实核对

账实核对,是指对各种财产物资、货币资金和往来款项的账面余额与实存数额的核对。核对的方法是财产清查,对固定资产、材料、在产品、产成品、现金等均应通过盘点实物,并与账存数核对,看其是否相符。主要包括以下内容:

1. 现金清查

现金日记账的账面余额与现金实际库存数额每日核对,并填写库存现金核对情况报告单作为记录。发生长、短款时,应即列作"待处理财产损溢",待查明原因经批准后再进行处理。单位会计主管应经常检查此项工作。对库存现金进行清查核对时,出纳人员必须在场,不允许以借条、收据充抵现金。要查明库存现金是否超过限额、是否存在坐支问题。

2. 银行存款清查

银行存款日记账的账面余额与开户银行对账单核对。每收到一张银行对账单,经管人员应在 3 日内核对完毕,每月编制一次银行存款余款调节表,会计主管人员每月至少检查一次,并写出书面检查意见。

3. 有价证券清查

有价证券账户应与单位实存有价证券(如国库券、重点企业债券、股票或收款票据等)核对相符,每半年至少核对一次。

4. 存货清查

商品、产品、原材料等明细账的账面余额,应定期与库存数相核对;对其他财产物资账户也要定期核对。年终要进行一次全面的清查。

5. 债权债务清查

各种债权、债务类明细账的账面余额要与债权、债务人账面记录核对、清理。对于核对、清理结果,要及时以书面形式向会计主管人员汇报,并报单位领导人。对于存在的问题应采取措施,积极解决。

另外,出租、租入、出借、借入财产等账簿,除合同期满应进行结清外,至少每半年核对一次,以保证账实相符。

通过上述对账工作,做到账证相符、账账相符和账实相符,使会计核算资料真实、正确、可靠。

第六章　编制基础财务报表

《企业会计准则》(以下简称《会计准则》)要求会计报表除满足企业主管机关和财政、税务机关等国家政府部门的需要外,还应该满足企业各方面的投资者、债权人以及社会上投资者的需要,要能够向他们提供反映经营状况、产权关系、偿债能力和利益分配的各种会计信息。针对上述要求,《会计准则》对全国范围内的企业企业会计报表作了统一规定,规定企业必须编制和对外报送资产负债表、利润表、现金流量表和所有者权益变动表四种报表。

一、财务会计报告

会计报表是企业对外提供的、反映本企业某一特定日期财务状况和某一会计期间经营成果、现金流量等相关财务信息的报告文件。根据会计制度的规定,财务会计报告由会计报表和报表附注两大部分组成。会计报表一般包括资产负债表、利润表、现金流量表和所有者权益变动表。而会计报表附注主要是为了便于使用者正确理解报表内容而对会计报表的编制基础、编制依据、编制原则和方法及主要项目等所作的解释。

二、会计报表的编制说明

基础会计报表一般包括资产负债表、利润表、现金流量表和所有者权益变动表。

(一)资产负债表编制说明

资产负债表由资产、负债、所有者权益三大会计要素构成,属于一张静态报表。资产负债表中项目填列可以归纳为以下五类(见表6-1)。

1. 根据总分类账户的期末余额汇总填列

资产负债表某些项目需要根据若干个总账科目的期末余额计算填列。

(1)资产类的货币资金项目。

货币资金 = "库存现金"期末余额 + "银行存款"期末余额 + "其他货币资金"期末余额

(2)资产类的存货项目。应根据"原材料"、"在途物资"或"材料采购"、"周转材料"、"生产成本"、"库存商品"、"发出商品"等总分类账户的期末余额加总后,加上"材料成本差异"或"商品进销差价"等调整账户的借方余额(或减去该调整账户的贷方余额),然后扣除"存货跌价准备"账户期末余额后填列。

(3)未分配利润项目。编制报表时,未分配利润项目的填写需要注意两种情况:

第一种,期末编报时企业已将"本年利润"账户的余额结转至"利润分配——未分配利润"账户。则未分配利润项目直接根据总分类账户的"利润分配"账户余额填列。

第二种,期末编报时企业未将"本年利润"账户的余额结转至"利润分配——未分配利润"账户,则资产负债表上的"未分配利润"项目应根据"本年利润"账户和"利润分配"账户的余额汇总填列。具体有以下几种情况:

1)"利润分配"账户和"本年利润"账户均是贷方余额,则:

未分配利润 = "利润分配"账户余额 + "本年利润"账户余额

2)"利润分配"账户是贷方余额和"本年利润"账户是借方余额,则:

未分配利润 = "本年利润"账户余额 – "利润分配"账户余额

若计算后为正数,代表企业未分配的累积净盈利,以正数在报表中填列;若计算后为负数,代表企业未弥补的累积净亏损,以负数在报表中填列。

3)"利润分配"账户是"借方余额"和"本年利润"账户是贷方余额,则:

未分配利润 = "本年利润"账户余额 – "利润分配"账户余额

若计算后为负数,表示累积净亏损,以负号在资产负债表中填列。若计算为正数,则利润分配余额变成贷方余额,表示企业已经由累积净亏损转变成累积净盈利,以正数在报表中填列。

4)"利润分配"账户和"本年利润"账户均是借方余额。则:

未分配利润 = "利润分配"账户余额 + "本年利润"账户余额

计算后的数值表示累积净亏损,以负号在资产负债表中填列。

2. 根据有关总分类账户余额扣除其备抵项目后的净额填列

（1）存货项目。应根据"原材料"、"在途物资"或"材料采购"、"周转材料"、"生产成本"、"库存商品"、"发出商品"等总分类账户的期末余额加总后,加上"材料成本差异"或"商品进销差价"等调整账户的借方余额或减去该调整账户的贷方余额,然后扣除"存货跌价准备"账户期末余额后填列。

（2）应收账款、其他应收款、持有至到期投资、长期股权投资、投资性房地产等。应根据"应收账款"、"其他应收款"、"持有至到期投资"、"长期股权投资"、"投资性房地产"等总分类账户期末余额与相应的"坏账准备"、"持有至到期投资减值准备"、"长期股权投资减值准备"和"投资性房地产减值准备"等备抵账户余额相减之后填列。

（3）固定资产和无形资产。固定资产项目应根据"固定资产"账户的期末余额减去"累积折旧"账户余额,再扣除"固定资产减值准备"余额后填列。无形资产项目应根据"无形资产"账户的期末余额减去"累计摊销"账户余额,再扣除"无形资产减值准备"余额后填列。

3. 根据总分类账户所属明细账户的余额分析汇总填列

这种情况主要体现在资产负债表的应收账款、预付账款、应付账款、预付账款四个项目中。此四个项目的填列可以归纳为"两收和一收、两付和一付、借贷分开走"。具体分析如下:

（1）应收账款和预收账款。"应收账款"属于资产类账户,正常情况下余额应该在借方。"预收账款"属于负债类账户,正常情况下余额应该在贷方。然而,在实务操作中,企业对同一购货客户可能既有赊销行为,有时也有部分预收行为,为了明晰与该客户的款项往来,与同一客户的销售款项结算完全可以通过一个"应收账款"（"预收账款"）明细账户进行结算。"应收账款"明细账某账页登记的是与A客户的往来款,若"应收账款"明细账A公司账页是借方余额,则表示与A公司实际有尚未结算的应收金额;若是贷方余额,则表示与A公司实际有尚未结算的预收款项。"预收账款"明细账某账页登记的是与B客户的往来款,若"预收账款"明细账B公司账页是贷方余额,则表示与B客户实际有尚未结算的预收款项;若是借方余额,则表示与B客户实际有尚未结算的应收金额。

"应收账款"项目的填列 = "应收账款"明细账所有借方余额账页期末余额合计 + "预收账款"明细账所有借方余额账页期末余额合计 - "坏账准备"期末余额

"预收账款"项目的填列 = "预收账款"明细账所有贷方余额账页期末余额合计 + "应收账款"明细账所有贷方余额账页期末余额合计

（2）预付账款和应付账款。"预付账款"属于资产类账户,正常情况下余额应该在借方。"应付账款"属于负债类账户,正常情况下余额应该在贷方。然而,在实务操作中,企业对同一供应商可能既有预付款行为,也可能有部分应付款行为,为了明晰与该客户的款项往来,与同一供应商的采购款项结算完全可以通过一个"预付账款"（"应付账款"）明细账户进行结算。"预付账款"明细账某账页登记的是与 G 客户的往来款,若"预付账款"明细账 G 公司账页是借方余额,则表示与 G 供应商有实际尚未结算的预付金额;若是贷方余额,则表示与 G 客户有实际尚未结算的应付金额。"应付账款"明细账某账页登记的是与 H 供应商的往来款,若"应付账款"明细账 H 公司账页是贷方余额,则表示与 H 供应商有实际尚未结算的应付款项;若是借方余额,则表示与 H 供应商有实际尚未结算的预付金额。

"预付账款"项目的填列 = "预付账款"明细账所有借方余额账页期末余额合计 + "应付账款"明细账所有借方余额账页期末余额合计

"应付账款"项目的填列 = "应付账款"明细账所有贷方余额账页期末余额合计 + "预付账款"明细账所有贷方余额账页期末余额合计

4. 其他特殊项目

其他特殊项目在编制时需要通过分析计算填列。

（1）一年内到期的非流动资产项目。该项目数据应根据"长期应收款"、"持有至到期投资"和"长期待摊费用"等非流动性资产中将于一年内到期或摊销完毕的部分汇总填列。

（2）长期应收款、持有至到期投资和长期待摊费用。"长期应收款"、"持有至到期投资"和"长期待摊费用"与一年内到期的非流动资产相对应,"长期应收款"、"持有至到期投资"和"长期待摊费用"等项目应根据各自账户的期末余额分别扣减一年内即将到期的金额填列。"持有至到期投资"还得考虑减值准备。

（3）短期借款和长期借款。短期借款项目的填列应根据"短期借款"账户余额加上"长期借款"账户中一年内即将到期的借款金额。同理,长期借款项目的填列应根据"长期借款"账户余额减去"长期借款"账户中一年内即将到期的借款金额。

5. 根据总分类账户期末余额直接填列

除以上几个特殊项目外,资产负债表中剩余的一些项目一般根据总分类账户期末余额直接填列。

表 6 - 1 资产负债表样表
资产负债表

编制单位： 201×年1月31日 金额单位:元

项　目	行次	年初余额	期末余额	项　目	行次	年初余额	期末余额
流动资产：	1			流动负债：	47		
货币资金	2			短期借款	48		
Δ 交易性金融资产	3			Δ 交易性金融负债	49		
#短期投资	4			#应付权证	50		
应收票据	5				51		
应收股利	6			应付账款	52		
应收利息	7			预收款项	53		
应收账款	8			应付职工薪酬	54		
其他应收款	9			其中:应付工资	55		
预付款项	10			应付福利费	56		
存货	11			应交税费	57		
其中:原材料	12			其中:应交税金	58		
库存商品	13			应付利息	59		
一年内到期的非流动资产	14			应付股利	60		
其他流动资产	15			其他应付款	61		
流动资产合计	16			一年内到期的非流动负债	62		
非流动资产：	17			其他流动负债	63		
Δ 可供出售金融资产	18			流动负债合计	64		
Δ 持有至到期投资	19			非流动负债：	65		
#长期债权投资	20			长期借款	66		
Δ 长期应收款	21			应付债券	67		
长期股权投资	22			长期应付款	68		
#股权分置流通权	23			专项应付款	69		

续表

项　目	行次	年初余额	期末余额	项　目	行次	年初余额	期末余额
△投资性房地产	24			预计负债	70		
固定资产原价	25			△递延所得税负债	71		
减：累计折旧	26			#递延税款贷项	72		
固定资产净值	27			其他非流动负债	73		
减：固定资产减值准备	28			其中：特准储备基金	74		
固定资产净额	29			非流动负债合计	75		
在建工程	30			负债合计	76		
工程物资	31			所有者权益（或股东权益）：	77		
固定资产清理	32			实收资本（股本）	78		
△生产性生物资产	33			国家资本	79		
△油气资产	34			集体资本	80		
无形资产	35			法人资本	81		
其中：土地使用权	36			其中：国有法人资本	82		
△开发支出	37			集体法人资本	83		
△商誉	38			个人资本	84		
#＊合并价差	39			外商资本	85		
长期待摊费用（递延资产）	40			资本公积	86		
△递延所得税资产	41			减：库存股	87		
#递延税款借项	42			盈余公积	88		
其他非流动资产（其他长期资产）	43			△一般风险准备	89		
其中：特准储备物资	44			#未确认投资损失（以"－"号填列）	90		
非流动资产合计	45			未分配利润	91		
				其中：现金股利	92		
				＊外币报表折算差额	93		

续表

项　目	行次	年初余额	期末余额	项　目	行次	年初余额	期末余额
				归属于母公司所有者权益合计	94		
				＊少数股东权益	95		
				所有者权益合计	96		
				#减:资产损失	97		
				所有者权益合计 (剔除资产损失后的金额)	98		
资　产　总　计	46			负债和所有者权益总计	99		

注:表中带＊项目为合并会计报表专用;表中加Δ项目为执行新会计准则企业专用,其他企业不填;表中加#项目为执行企业会计制度企业专用,执行新会计准则企业不填。

(二)利润表编制说明

利润表由收入、费用和利润三大会计要素构成,我国会计制度规定,利润表应采用多步式结构,见表6-2。具体填列方法主要分为以下三种:

1.根据相关损益类账户本期发生净额汇总填列

(1)营业收入项目。
营业收入="主营业务收入"本期发生净额+"其他业务收入"本期发生净额
(2)营业成本项目。
营业成本="主营业务成本"本期发生净额+"其他业务成本"本期发生净额

2.直接根据相关损益类账户的本期发生净额填列

利润表中这些项目较多,主要有营业税金及附加、销售费用、管理费用、财务费用、资产减值损失公允价值变动收益(损失以"-"号填列)、投资收益(损失以"-"号填列)、营业外收入、营业外支出和所得税费用。直接根据当期期末向"本年利润"账户结转前的各账户档期发生净额填写即可。

3.根据利润表中相关数据计算填列

(1)营业利润项目。营业利润=营业收入-营业成本-营业税金及附加-销售费用-管理费用-财务费用-资产减值损失+公允价值变动收益(损失以负号表示)+投资收益(损失以"-"号表示)

(2)利润总额项目。

利润总额 = 营业利润 + 营业外收入 – 营业外成本

(3)净利润项目。

净利润 = 利润总额 – 所得税

表6-2 利润表样表

利 润 表

编制单位： 201×年×月 金额单位:元

项 目	行次	本年累计数	本月数
一、营业总收入	1		
其中:营业收入	2		
其中:主营业务收入	3		
其他业务收入	4		
二、营业总成本	5		
其中:营业成本	6		
其中:主营业务成本	7		
其他业务成本	8		
营业税金及附加	9		
销售费用	10		
管理费用	11		
其中:业务招待费	12		
研究与开发费	13		
财务费用	14		
其中:利息支出	15		
利息收入	16		
汇兑净损失(净收益以"－"号填列)	17		
△ 资产减值损失	18		
其他	19	－	
加:公允价值变动收益(损失以"－"号填列)	20		
投资收益(损失以"－"号填列)	21		
其中:对联营企业和合营企业的投资收益	22		

续表

项 目	行次	本年累计数	本月数
三、营业利润(亏损以"－"号填列)	23		
加:营业外收入	24		
其中:非流动性资产处置利得	25		
非货币性资产交换利得(非货币性交易收益)	26		
政府补助(补贴收入)	27		
债务重组利得	28		
减:营业外支出	29		
其中:非流动资产处置损失	30		
非货币性资产交换损失(非货币性交易损失)	31		
债务重组损失	32		
四、利润总额(亏损总额以"－"号填列)	33		
减:所得税费用	34		
加:#未确认的投资损失	35		
五、净利润(净亏损以"－"号填列)	36		
减:*少数股东损益	37		
六、归属于母公司所有者的净利润	38		
七、每股收益:	39		
基本每股收益	40		
稀释每股收益	41		

注:表中带＊项目为合并会计报表专用;表中加△项目为执行新会计准则企业专用,其他企业不填;表中加#项目为执行企业会计制度企业专用,执行新会计准则企业不填。

(三)现金流量表编制说明

1.经营活动产生的现金流量的编制方法

按规定,企业应当采用直接法列示经营活动产生的现金流量。直接法是按现金流入和现金流出的主要类别列示企业经营活动产生的现金流量。在直接法下,一般是以利润表中营业收入为起算点,调整与经营活动有关的项目的增减变动,然后计算出经营活动产生的现金流量。采用直接法具体编制现金流量表时,可以采用工作底稿法或 T 型账户法。业务简单的,也可以根据有关科目的记录分析填列。

(1)"销售商品、提供劳务收到的现金"项目。本项目可根据"主营业务收入"、"其他业务收入"、"应收账款"、"应收票据"、"预收账款"及"库存现金"、"银行存款"等账户分析填列。

本项目的现金流入可用下述公式计算求得:

销售商品、提供劳务收到的现金 = 本期营业收入净额 + 本期应收账款减少额 - 应收账款增加额 + 本期应收票据减少额 - 应收票据增加额 + 本期预收账款增加额 - 预收账款减少额

在上述公式中,如果本期有实际核销的坏账损失,也应减去(因核销坏账损失减少了应收账款,但没有收回现金)。如果有收回前期已核销的坏账金额,应加上(因收回已核销的坏账,并没有增加或减少应收账款,但却收回了现金)。

(2)"收到的税费返还"项目。该项目反映企业收到返还的各种税费。本项目可以根据"库存现金"、"银行存款"、"应交税费"、"营业税金及附加"等账户的记录分析填列。

(3)"收到的其他与经营活动有关的现金"项目。本项目反映企业除了上述各项目以外收到的其他与经营活动有关的现金流入,如罚款收入、流动资产损失中由个人赔偿的现金收入等。本项目可根据"营业外收入"、"营业外支出"、"库存现金"、"银行存款"、"其他应收款"等账户的记录分析填列。

(4)"购买商品、接受劳务支付的现金"项目。本项目可根据"应付账款"、"应付票据"、"预付账款"、"库存现金"、"银行存款"、"主营业务成本"、"其他业务成本"、"存货"等账户的记录分析填列。

本项目的现金流出可用以下公式计算求得:

购买商品、接受劳务支付的现金 = 营业成本 + 本期存货增加额 - 本期存货减少额 + 本期应付账款减少额 - 本期应付账款增加额 + 本期应付票据减少额 - 本期应付票据增加额 + 本期预付账款增加额 - 本期预付账款减少额

(5)"支付给职工以及为职工支付的现金"项目。该项目反映企业实际支付给职工以及为职工支付的工资、奖金、各种津贴和补贴等(含为职工支付的养老、失业等各种保险和其他福利费用)。但不含为离退休人员支付的各种费用和固定资产购建人员的工资。

本项目可根据"库存现金"、"银行存款"、"应付职工薪酬"、"生产成本"等账户的记录分析填列。

(6)"支付的各项税费"项目。本项目反映的是企业按规定支付的各项税费和有关费用。但不包括已计入固定资产原价而实际支付的耕地占用税和本期退回的所得税。

本项目应根据"应交税费"、"库存现金"、"银行存款"等账户的记录分析填列。

（7）"支付的其他与经营活动有关的现金"项目。本项目反映企业除上述各项目外，支付的其他与经营活动有关的现金，包括罚款支出、差旅费、业务招待费、保险费支出、支付的离退休人员的各项费用等。本项目应根据"管理费用"、"销售费用"、"营业外支出"等账户的记录分析填列。

2. 投资活动产生的现金流量的编制方法

投资活动现金流入和现金流出的各项目的内容和填列方法如下：

（1）"收回投资所收到的现金"项目。本项目反映企业出售、转让和到期收回的除现金等价物以外的交易性金融资产、长期股权投资而收到的现金，以及收回持有至到期投资本金而收到的现金。不包括持有至到期投资收回的利息以及收回的非现金资产。本项目应根据"交易性金融资产"、"长期股权投资"、"库存现金"、"银行存款"等账户的记录分析填列。

（2）"取得投资收益所收到的现金"项目。本项目反映企业因股权性投资而分得的现金股利和分回利润所收到的现金，以及债权性投资取得的现金利息收入。本项目应根据"投资收益"、"库存现金"、"银行存款"等账户的记录分析填列。

（3）"处置固定资产、无形资产和其他长期资产所收回的现金净额"项目。该项目反映处置上述各项长期资产所取得的现金，减去为处置这些资产所支付的有关费用后的净额。本项目可根据"固定资产清理"、"库存现金"、"银行存款"等账户的记录分析填列。

如该项目所收回的现金净额为负数，应在"支付的其他与投资活动有关的现金"项目填列。

（4）"收到的其他与投资活动有关的现金"项目。本项目反映除上述各项目以外，收到的其他与投资活动有关的现金流入。应根据"库存现金"、"银行存款"和其他有关账户的记录分析填列。

（5）"购建固定资产、无形资产和其他长期资产所支付的现金"项目。本项目反映企业购买、建造固定资产，取得无形资产和其他长期资产所支付的现金。其中企业为购建固定资产支付的现金，包括购买固定资产支付的价款现金及增值税款、固定资产购建支付的现金。但不包括购建固定资产的借款利息支出和融资租入固定资产的租赁费。

本项目应根据"固定资产"、"无形资产"、"在建工程"、"库存现金"、"银行存款"等账户的记录分析填列。

（6）"投资所支付的现金"项目。该项目反映企业在现金等价物以外进行交易性金融资产、长期股权投资、持有至到期投资中所实际支付的现金，包括佣金手续费所支付的现金。但不包括企业购买股票和债券时,实际支付价款中包含的已宣告但尚未领取的现金股利或已到付息期但尚未领取的债券利息。

本项目应根据"交易性金融资产"、"长期股权投资"、"持有至到期投资"、"库存现金"、"银行存款"等账户记录分析填列。

(7)"支付的其他与投资活动有关的现金"项目。本项目反映企业除了上述各项支付以外,支付的与投资活动有关的现金流出。包括企业购买股票和债券时,实际支付价款中包含的已宣告但尚未领取的现金股利或已到付息期但尚未领取的债券利息等。本项目应根据"库存现金"、"银行存款"、"应收股利"、"应收利息"等账户的记录分析填列。

3. 筹资活动产生的现金流量的编制方法

筹资活动产生的现金流入和现金流出包括的各项目的内容和填列方法如下:

(1)"吸收投资所支付的现金"项目。本项目反映企业收到投资者投入的现金,包括以发行股票、债券等方式筹集资金实际收到的款项净额(发行收入减去支付的佣金等发行费用后的净额)。本项目可根据"实收资本(股本)"、"应付债券"、"库存现金"、"银行存款"等账户的记录分析填列。

(2)"借款所得到的现金"项目。本项目反映企业举借各种短期借款、长期借款而收到的现金。本项目可根据"短期借款"、"长期借款"、"银行存款"等账户的记录分析填列。

(3)"收到的其他与筹资活动有关的现金"项目。该项目反映企业除上述各项以外,收到的其他与筹资活动有关的现金流入。本项目应根据"库存现金"、"银行存款"和其他有关账户的记录分析填列。

(4)"偿还债务所支付的现金"项目。本项目反映企业以现金偿还债务的本金,包括偿还金融机构的借款本金、偿还到期的债券本金等。本项目可根据"短期借款"、"长期借款"、"应付债券"、"库存现金"、"银行存款"等账户的记录分析填列。

(5)"分配股利、利润或偿还利息所支付的现金"项目。本项目反映企业实际支付的现金股利、支付给投资人的利润或用现金支付的借款利息、债券利息等。本项目可根据"应付股利(应付利润)"、"财务费用"、"长期借款"、"应付债券"、"库存现金"、"银行存款"等账户的记录分析填列。

(6)"支付的其他与筹资活动有关的现金"项目。本项目反映除了上述各项目以外,支付的与筹资活动有关的现金流出。例如,发行股票债券所支付的审计、咨询等费用。该项目可根据"库存现金"、"银行存款"和其他有关账户的记录分析填列。

4. 汇率变动对现金的影响的编制方法

本项目反映企业的外币现金流量发生日所采用的汇率与期末汇率的差额对现金的影响数额(编制方法略)。

5. 现金及现金等价物的净增加额的编制方法

"现金及现金等价物的净增加额",是将本表中"经营活动产生的现金流量净额"、"投资活动产生的现金流量净额"、"筹资活动产生的现金流量净额"和"汇率变动对现金的影响"四个项目相加得出的。

6. 期末现金及现金等价物余额的填列

本项目是将计算出来的现金及现金等价物净增加额加上期初现金及现金等价物金额求得。它应该与企业期末的全部货币资金与现金等价物的合计余额相等。

表6-3 现金流量表样表

现金流量表

编制单位: 201×年   金额单位:元

项目	行次	本年金额	上年金额
一、经营活动产生的现金流量:	1		
销售商品、提供劳务收到的现金	2		
收到的税费返还	3		
收到其他与经营活动有关的现金	4		
经营活动现金流入小计	5		
购买商品、接受劳务支付的现金	6		
支付给职工以及为职工支付的现金	7		
支付的各项税费	8		
支付其他与经营活动有关的现金	9		
经营活动现金流出小计	10		
经营活动产生的现金流量净额	11		
二、投资活动产生的现金流量:	12		
收回投资收到的现金	13		
取得投资收益收到的现金	14		

项目	行次	本年金额	上年金额
处置固定资产、无形资产和其他长期资产收回的现金净额	15		
处置子公司及其他营业单位收到的现金净额	16		
收到其他与投资活动有关的现金	17		
投资活动现金流入小计	18		
购建固定资产、无形资产和其他长期资产支付的现金	19		
投资支付的现金	20		
取得子公司及其他营业单位支付的现金净额	21		
支付其他与投资活动有关的现金	22		
投资活动现金流出小计	23		
投资活动产生的现金流量净额	24		
三、筹资活动产生的现金流量：	25		
吸收投资收到的现金	26		
取得借款收到的现金	27		
收到其他与筹资活动有关的现金	28		
筹资活动现金流入小计	29		
偿还债务支付的现金	30		
分配股利、利润或偿付利息支付的现金	31		
支付其他与筹资活动有关的现金	32		
筹资活动现金流出小计	33		
筹资活动产生的现金流量净额	34		
四、汇率变动对现金的影响	35		
五、现金及现金等价物净增加额	36		
加：期初现金及现金等价物余额	37		
六、期末现金及现金等价物余额	38		

（四）所有者权益变动表说明

所有者权益变动表中涉及的是所有者权益类的各个账户，反映企业所有者权益各项目的增减变化。各项目应根据"实收资本（股本）"、"资本公积"、"盈余公积"、"库存股"、"利润分配"各明细账户的本年年初余额、借方发生额、贷方发生额、年末余额分析填列,增加金额用正号填列,减少金额用负号填列。

"实收资本"账户主要反映企业接受投资者投入的实收资本。该账户的贷方反映实收资本的增加数,包括接受货币资金或实物资产投资、发放股票股利增加资本、资本公积或盈余公积转增资本、可转换公司债券转为资本、债务重组转为资本等;该账户的借方反映实收资本的减少数,包括减少注册资本,中外合作企业在合作期间归还投资者投资等。

"资本公积"账户主要反映企业收到投资者出资额超过其在注册资本或股本所占份额的部分及直接计入所有者权益的利得或损失。"资本公积"账户分别按"资本溢价（股本溢价）"、"其他资本公积"进行明细核算。

"库存股"账户主要反映企业收购、转让或注销本公司股份的金额。企业减少注册资本而收购本公司股份的,借记"库存股"科目,贷记"银行存款"等科目;转让库存股的,按实际收到的金额,借记"银行存款",按转让库存股的账面余额,贷记"库存股",按其差额,借记或贷记"资本公积——股本溢价"等账户;注销库存股的,按股票面值和注销股数计算的股票面值总额,借记"股本",按库存股的账面余额,贷记"库存股",按其差额,借记"资本"。

"盈余公积"账户主要反映企业利润分配过程中所提取的盈余公积的金额,分别按"法定盈余公积"和"任意盈余公积"进行明细核算。外商投资企业,设置"储备基金"、"企业发展基金"进行明细核算,中外合作企业在合作期间归还投资者投资的,可设置"利润归还投资"明细科目进行核算。

"利润分配"账户核算企业利润的分配（亏损的弥补）和历年分配（弥补）后的余额,利润分配的余额主要在"利润分配——未分配利润"明细账户反映。"利润分配"应当分别按"提取法定盈余公积"、"提取任意盈余公积"、"应付现金股利或利润"、"转作股本的股利"、"盈余公积补亏"、"未分配利润"等进行明细核算。

表 6 - 4　所有者权益（股东权益）变动表样表

所有者权益（股东权益）变动表

编制单位：　　　　　　　　　　　　　　　　　　　201 x 年　　　　　　　　　　　　　　　　　金额单位：元

项目	本年金额							上年金额						
	实收资本（股本）	资本公积	减：库存股	盈余公积	未分配利润	所有者权益合计	实收资本（股本）	资本公积	减：库存股	盈余公积	未分配利润	所有者权益合计	
一、上年末余额												
加：会计政策变更												
前期差错更正												
二、本年初余额												
三、本年增减变动金额（减少以"－"号填列）												
（一）净利润												
（二）直接计入所有者权益的利得和损失												
1. 可供出售金融资产公允价值变动净额												
2. 现金流量套期工具公允价值变动净额												
3. 与计入所有者权益项目相关的所得税影响												
4. 其他												
上述（一）和（二）小计												

续表

项目	行次	本年金额						上年金额					
		实收资本（股本）	资本公积	减：库存股	盈余公积	未分配利润	所有者权益合计	实收资本（股本）	资本公积	减：库存股	盈余公积	未分配利润	所有者权益合计
（三）所有者投入资本和减少资本													
1. 所有者投入资本													
2. 股份支付计入所有者权益的金额													
3. 其他													
（四）利润分配													
1. 提取盈余公积													
2. 对所有者（股东）的分配													
3. 其他													
（五）所有者权益内部结转													
1. 资本公积转增资本													
2. 盈余公积转增资本													
3. 盈余公积弥补亏损													
4. 其他													
四、本年年末余													

第七章　装订凭证、账簿和报表

会计凭证登记完毕后,应将记账凭证连同所附的原始凭证或者原始凭证汇总表,按照编号顺序折叠整齐,准备装订。会计凭证在装订之前,必须对会计凭证进行排序、粘贴和折叠。因为原始凭证的纸张面积与记账凭证的纸张面积不可能全部一样,有时前者大于后者,有时前者小于后者,这就需要会计人员在制作会计凭证时对原始凭证加以适当整理,以便下一步装订成册。

一、会计凭证的整理

在会计实务中,由于收到的原始凭证纸张大小往往不一致,因此,需要按照记账凭证的大小进行折叠或粘贴。通常,对面积大于记账凭证的原始凭证采用折叠的方法,按照记账凭证的面积尺寸,将原始凭证先自右向左,再自下向上两次折叠。折叠时应注意将凭证的左上角或左侧面空出,以便于装订后的展开查阅。对于纸张面积过小的原始凭证,则采用粘贴的方法,即按一定次序和类别将原始凭证粘贴在"单据粘贴单"上。粘贴时要注意,应尽量将同类同金额的单据粘在一起,粘贴完成后,应在粘贴单上注明原始凭证的张数和合计金额。对于纸张面积与记账凭证基本相同的原始凭证,则可以用回形针或大头针别在记账凭证后面,待装订凭证时,抽去回形针或大头针,或在填制凭证时直接将原始凭证粘在记账凭证后面。如果票证是板状,可以将票面票底轻轻撕开,厚纸板弃之不用。

对于数量过多的原始凭证,如领料单、发放表等,可以单独装订保管,但应在封面上注明原始凭证的张数、金额,所属记账凭证的日期、编号、种类。封面应一式两份,一份作为原始凭证装订成册的封面,封面上注明"附件"字样;另一份附在记账凭证的后面,同时在记账凭证上注明"附件另订",以备查考。

原始凭证附在记账凭证后的顺序应该与记账凭证所记载的内容顺序一致,不应按原始凭证面积大小来排序。会计凭证经过上述的加工整理后,就可以装订了。

二、会计凭证的装订

会计凭证的装订是指把定期完毕的会计凭证按照编号顺序,外加封面、封底,装订成册,并在装订线上加贴封签。在封面上,应写明单位名称、年度、月份、记账凭证的种类、起讫日期、起讫号数以及记账凭证和原始凭证张数。对各种重要的原始单据,以及各种需要随时查阅和退回的单据,可以单独装订保管,在封面上注明记账凭证的日期、编号、种类,同时在记账凭证上注明"附件另订"。各种经济合同和重要的涉外文件等凭证,应另编目录,单独登记保管,并在有关记账凭证和原始凭证上注明。

会计凭证装订的要求是既要美观大方,又要便于翻阅,所以在装订时要设计好装订册数及每册的厚度。一般来说,一本凭证的厚度一般以 1.5~2 厘米为宜。以月份为单位,分现金、银行、转账,装订成若干册。每册凭证的厚薄应基本保持一致,不能把几张应属一份记账凭证附件的原始凭证拆开装订在两册之中。若太薄时,可用纸折一些三角形纸条,均匀地垫在此处,以保证它的厚度与凭证中间的厚度一致。

会计凭证应于月末结账后 10 日内装订完毕。

凭证封面应该采用较为结实、耐磨、韧性较强的牛皮纸等,凭证要用两张空白纸张做封底,防止最后一张凭证损坏。封面上应注明单位名称、年度、月份、凭证种类、起讫号码,整理负责人和保管人分别盖章。凭证侧面装订处也要填写年度、月份、凭证种类、起讫号码,装订成册的会计凭证封面正面必须加盖财务专章,装订线处加盖骑缝章。

凭证编号,先按凭证种类编号如现金×号,银行×号,转账×号,再按整月全部凭证编号,如共 6 本,则编号为 1/6,2/6……6/6,顺序为现金、银行、转账,以便能较快查找全月凭证。

1. 装订方法

(1)会计凭证在装订时可采用"三针引线法"装订,该方法装订凭证应使用棉线。具体步骤如下:①在左上角部位打上三个针眼,实行三眼一线打结,并放在凭证封皮的里面,装订时尽可能缩小所占部位,使记账凭证及其附件保持尽可能大的显露面,以便于事后查阅,但是也要注意不能太小,防止凭证脱落。②凭证外面要加封面,封面纸用上好的牛皮纸印制,封面规格略大于所附记账凭证。③装订凭证厚度一般 1.5 厘米,方可保证装订牢固,美观大方。

(2)角订法。有些会计在装订会计凭证时采用"角订法"。该方法的步骤如下:①封面和封底裁开,分别附在凭证前面和后面,再拿一张质地相同的纸(可以再找一张凭证封皮,裁下一半用,另一半为订下一本凭证备用)放在封面上角,做护角线。②凭证的左上角画一边长为5厘米的等腰三角形,用夹子夹住,用装订机在底线上分布均匀地打两个眼儿。③大针引线绳穿过两眼儿。如果没有针,可以将回形别针顺直,然后将两端折向同一个方向,将线绳从中穿过并夹紧,即可把线引过来,因为一般装订机打出的眼是可以穿过的。④凭证的背面打结。⑤护角向左上侧折,并将一侧剪开至凭证的左上角,然后抹上胶水。⑥折叠,并将侧面和背面的线绳扣黏死。⑦晾干后,在凭证本的上面写上"某年某月第几册共几册"的字样。装订人在装订线封签处签名或盖章。现金凭证、银行凭证或转账凭证最好按顺序编号,1个月从头编一次序号,如果单位的凭证少,可以按全年顺序编号。

2.装订注意事项

会计凭证装订后的注意事项:

(1)每本封面上填写好凭证种类、起止号码、凭证张数、会计主管人员和装订人员签章。

(2)在封面上编好卷号,按编号顺序入柜,并要在显露处标明凭证种类编号,以便于调阅。

三、会计凭证、账簿和报表的保管

会计凭证是各项经济活动的历史记录,是重要的经济档案。为了便于随时查阅利用,各种会计凭证在办理好各项业务手续,并据以记账后,应由会计部门加以整理、归类,并送交档案部门妥善保管。

(一)会计凭证的保管

每年的会计凭证都应由会计部门按照归档的要求,负责整理立卷或装订成册。当年的会计凭证,在会计年度终了后,可暂由会计部门保管1年,期满后,原则上应由会计部门编造册移交本单位的档案部门保管。档案部门接受保管的会计凭证,原则上要保持原卷册的封装,个别需要拆封重新整理的,应由会计部门和经办人员共同拆封整理,以明确责任。会计凭证必须做到妥善保管,存放有序,查找方便,并要严防毁损、丢失和泄密。

会计凭证原则上不得借出,如有特殊需要,需对已归档凭证的查阅、调用或复制,均应得到批准和履行一定手续,但不得拆散原卷册,并应按期限归还。其他单位如因特殊原因需要使用原始凭证时,经本单位会计机构负责人、会计主管人员批准,方可复制。但向外单位提供的原始凭证复印件,应当在专设的登记簿上登记,并由提供人员和收取人员共同签名或盖章。

会计凭证的保管期限和销毁手续,必须严格按照会计制度的有关规定执行。会计凭证的保管期限一般为 15 年。保管期未满,任何人都不得随意销毁会计凭证。按规定销毁会计凭证时,必须开列清单,报经批准后,由档案部门和会计部门共同派人员监销。在销毁会计凭证前,监督销毁人员应认真清点核对,销毁后,在销毁清册上签名或盖章,并将监销情况报告本单位负责人。

(二)会计账簿的更换与保管

账簿的更换是指在会计年度终了时,将上年度的账簿更换为次年度的新账簿。在每一个会计年度结束,新的会计年度开始时,应按会计制度的规定,更换一次总账、日记账和大部分明细账。小部分明细账还可以继续使用,年初可以不必更换账簿,如固定资产明细账等。

更换账簿时,应将上年度各账户的余额直接记入新年度相应的账簿中,并在旧账簿中各账户年终余额的摘要栏内加盖"结转下年"戳记。同时,在新账簿中相关账户的第一行摘要栏内加盖"上年结转"戳记,并在余额栏内记入上年余额。

会计账簿是会计工作的重要历史资料,也是重要的经济档案。在经营管理中具有重要作用。因此,每一个企业、单位都应按照国家有关规定,加强对会计账簿的管理,做好账簿的管理工作。

账簿的保管应该明确责任,保证账簿的安全和会计资料的完整,防止交接手续不清和可能发生的舞弊行为。在账簿交接保管时,应将该账簿的页数、记账人员姓名、启用日期、交接日期等列表附在账簿的扉页上,并由有关方面签字盖章。账簿要定期(一般为年终)收集,审查核对,整理立卷,装订成册,专人保管,严防丢失和损坏。

账簿应按照规定期限保管。各账簿的保管期限分别为:日记账一般为 15 年,库存现金日记账和银行存款日记账为 25 年;固定资产卡片在固定资产报废清理后应继续保存 5 年;其他总分类账、明细分类账和辅助账簿应保存 15 年。保管期满后,要按照会计档案管理办法的规定,由财会部门和档案部门共同鉴定,经报批获准后进行处理。

合并、撤销单位的会计账簿,要根据不同情况,分别移交给并入单位、上级主管部门或主管部门指定的其他单位接受保管,并由交接双方在移交清册上签名盖章。

账簿日常应由各自分管的记账人员专门保管,未经领导和会计负责人或有关人员批准,不许翻阅、查看、摘抄和复制。会计账簿除非特殊需要或司法介入的要求,一般不允许携带外出。

新会计年度对更换下来的旧账簿应进行整理、分类,对有些缺少手续的账簿,应补办必要的手续,然后装订成册,并编制目录,办理移交手续,按期归档保管。

对会计账簿的保管既是会计人员应尽的职责,又是会计工作的重要组成部分。

(三) 报表的保管

会计报表编制完成及时报送后,留存的报表按月装订成册谨防丢失。小企业可按季装订成册。一般企业将会计报表按年度和种类装订成册,加上牛皮纸或其他较坚实的纸张作为封面,放在专用文件柜中保存。

(1)会计报表装订前要按编报目录核对是否齐全,整理报表页数,上边和左边对齐压平,防止折角,如有损坏部位修补后,完整无缺地装订。

(2)会计报表装订顺序为:会计报表封面、会计报表编制说明、各种会计报表按会计报表的编号顺序排列、会计报表的封底。

(3)按保管期限编制卷号。会计档案多的企业还会有专门的会计档案室,装有保安系统、恒温系统,专门铁皮柜按年度码放,同时有文件索引。根据《会计档案管理办法》的有关规定,企业会计档案保管期限如表7-1所示。

表7-1 会计凭证、账簿和报表的保管期限

类别	明细	保管期限
会计凭证	原始凭证	15年
	记账凭证	15年
	汇总凭证	15年
会计账簿	总分类账	15年
	明细分类账	15年
	现金、银行存款日记账	25年
	其他日记账	15年
	固定资产卡片	固定资产报废清理后5年
	辅助账簿	15年
财务报告	月、季度财务报告	3年
	年度财务报告	永久
其他	会计移交清册	15年
	会计档案保管清册	永久
	会计档案销毁清册	永久
	银行余额调节表	5年
	银行对账单	5年

下篇

工业会计实务实战演练

■本篇包括第八章至第十章,介绍工业会计实务实战演练。主要讲述了《企业会计综合实训》的实验大纲、实战演练的具体步骤与要求以及实战演练企业的实训资料等内容。

■本篇是《企业会计综合实训》课程的核心教学模块。学生需要按照实训资料,在实验指导教师的辅导下完成七个实训项目。

第八章 《企业会计综合实训》实验大纲

企业会计综合实训课程是财务管理专业一门专业实践课程,本课程是在学习了基础会计、财务会计、成本管理会计等课程的基础上开设的一门实践应用课程。

一、实验目的与基本要求

《企业会计综合实训》以某一企事业单位在一定会计期间发生的经济业务为模拟对象,按照会计准则和会计制度的要求,使用真实的会计凭证、会计账簿、会计报表,进行手工账会计实务演练。通过《企业会计综合实训》的学习,使学生熟练掌握会计操作的全部基本技能——从建账、填制和审核原始凭证、编制记账凭证、登记账簿、试算平衡、结账、会计报表编制到会计凭证的装订;从日常会计核算、成本计算到编制会计报告、年终结账、会计档案管理。让每个学生可以得到身临其境锻炼,模拟成为一个真正的会计人员,培养和提高学生财务管理的实际操作能力、分析判断能力、解决综合问题的能力,为将来的工作奠定良好的基础。

二、实验项目内容与学时分配

本实验项目总共有七项内容,可根据学校的具体情况安排 32 ~ 64 课时实验。以 32 课时为例,具体实验内容如表 8 – 1。

表 8 – 1　实验项目与实验内容

序号	实验项目名称	实验内容	课时
实验一	建账	(1)开设三栏式总账,现金日记账、银行存款日记账,三栏式、数量金额式、多栏式明细账,并装订成册 (2)填写各种账簿的名称、扉页、目录等项目 (3)登记总账、日记账、明细账的期初余额	2

续表

序号	实验项目名称	实验内容	课时
实验二	会计凭证的填制与审核	(1)根据各项经济业务的原始凭证,分别填制记账凭证 (2)对所填制的记账凭证进行审核	8
实验三	设置和登记账簿	(1)根据实验二所编制的记账凭证逐日逐笔登记现金日记账和银行存款日记账 (2)根据实验二所编制的记账凭证及其相关原始凭证登记明细分类账 (3)根据实验二所编制的记账凭证编制科目汇总表,并据以登记总账	8
实验四	产品成本核算	填写产品的成本计算表,进行成本核算	4
实验五	结账和对账	(1)结出有关账户的本月发生额及月末余额 (2)结出有关账户的本年累计发生额及年末余额 (3)认真核对账目。经济业务全部记账后,账簿记录与记账凭证要相互核对,做到账证相符;各种账簿之间相互核对,做到账账相符 (4)采用适当的方法更正错账	4
实验六	会计报表的编制	(1)根据账户余额,编制余额试算平衡表 (2)根据企业总分类账户及明细分类账户的本月发生额及期末余额编制资产负债表、利润表和现金流量表	4
实验七	装订凭证、账簿和报表	装订记账凭证、装订账簿、装订会计报表	2

三、实验形式

实验可以采用两种形式。

(一)分岗模拟实训

采用分岗模拟实训时,可以构建一个比较仿真的实训环境。

(二)一人多岗综合实训

一人多岗综合实训,由一个学生综合完成各个岗位的工作内容。这种模式的好处就是让学生能亲历各种岗位,培养综合能力。一人多岗综合实训模式相对而言要求较多的实验课时。

表8-2 会计岗位职责

序号	岗位名称	主要工作内容
1	出纳	(1)负责办理公司现金、银行结算业务 (2)审查收付款凭证并登记日记账,编制公司资金日报表 (3)负责保管库存现金、银行票据和各种有价证券
序号	岗位名称	主要工作内容
2	往来账会计	(1)负责编制各类记账凭证 (2)登记往来明细账,进行应收、应付等往来款项业务的核算、管理 (3)负责每月与客户对账,寄发对账单及催收对账单
3	成本费用会计	(1)登记成本费用明细账、进行成本费用核算 (2)填写各种成本费用计算表
4	税务核算会计	(1)编制公司年度税务计划 (2)税务核算和办理纳税申报,办理减免税、退税工作等 (3)负责发票的领购、保管、开具、登记工作 (4)协助上级领导协调同税务部门的关系
5	总账会计	(1)负责登记总账 (2)负责银行存款余额调节表的编制
6	财务经理	(1)编制公司会计报表、年终决算报表及会计报表附注 (2)负责编制财务报告分析,分析公司运营状况 (3)负责公司年度审计工作 (4)管理本部门的各项事务

四、主要使用的仪器设备

手工账实训需要配备的相关用品包括:凭证、账页、总账、明细账、报表、封底、封面、科目章、点钞纸、记账笔、黑水、线绳、计算器、会计凭证装订机和直尺等。

第九章　鹏程电子股份有限公司实战演练具体步骤与要求

手工账实验之前需要购置相应的实验用品,并按实验形式发放实验用品。

一、实验准备

按鹏程电子股份有限公司的会计核算形式和业务内容要求,需准备的实验材料见表9-1。

表9-1　模拟企业会计核算演练实验材料准备清单

类别	品名	规格	每个实验小组需要量	备注
1.凭证类	原始凭证粘贴单	50张/本	1本/组	凭证粘贴任务较重,实验中只需让学生复印少许业务原始单据进行粘贴演练即可
	收款凭证	50张/本	1本/组	模拟企业的记账凭证采用专用记账凭证,也可使用通用记账凭证,每组3本。
	付款凭证	50张/本	1本/组	
	转账凭证	50张/本	2本/组	
	科目汇总表	50张/本	1本/组	
2.账簿类	总账	订本式100张/本	1本/组	(1)由于只进行一个月的实验,实验中配备的账簿建议使用活页式避免浪费 (2)使用数量金额式账页需开设的账簿有原材料明细账、库存商品明细账、发出商品明细账 (3)使用十三栏式账页需开设的账簿有制造费用明细账、管理费用明细账、销售费用明细账、财务费用明细账、主营业务成本明细账、主营业务收入明细账、其他业务成本明细账、其他业务收入明细账 (4)使用三栏式明细账需开设的账簿包括应收账款明细账、预收账款明细账、应付账款明细账、预付账款明细账、应交税费明细账
	现金日记账	活页式100张/本	5张/组	
	银行存款日记账	活页式100张/本	5张/组	
	生产成本明细账	活页式100张/本	30张/组	
	数量金额式明细账	活页式100张/本	50张/组	
	十三栏式明细账	活页式100张/本	30张/组	
	应交税金增值税明细账	活页式100张/本	5张/组	
	三栏式明细账	活页式100张/本	30张/组	

二、岗位分工

模拟企业共设出纳、往来账会计、成本费用会计、税务核算会计、总账会计、财务经理6个会计岗位,具体分工见表9-2。

表9-2　岗位分工

序号	岗位名称	实训分工主要内容
1	出纳	(1)审查传递来的收付款凭证 (2)在收付款凭证上签字并加盖现金收讫和付讫章 (3)根据收付款凭证登记银行存款日记账和库存现金日记账
2	往来账会计	(1)负责编制本单位的所有各类记账凭证 (2)负责登记应收账款明细账、预收账款明细账、应付账款明细账、预付账款明细账
3	成本费用会计	(1)负责登记原材料明细账、库存商品明细账、发出商品明细账、制造费用明细账、管理费用明细账、销售费用明细账、财务费用明细账、主营业务成本明细账、主营业务收入明细账、其他业务成本明细账、其他业务收入明细账、生产成本明细账 (2)负责编制成本业务原始单据
4	税务核算会计	(1)负责稽核各类记账凭证 (2)负责应交税费明细账、应交增值税明细账 (3)负责填写本月各类税务表格的计算
5	总账会计	(1)负责编制科目汇总表(注意:科目汇总表的次数,在实验中可灵活要求。一般每10天汇总一次或半月汇总一次) (2)负责根据科目汇总表登记总账
6	财务经理	(1)负责对账工作 (2)编制公司资产负债表、利润表和现金流量表 (3)各类记账凭证装订前的审核

三、实验注意事项

实验需注意事项说明如下:

第一,模拟实验中仅为少数明细账建立账册。

第二,原始凭证粘贴工作量比较大,实训中可复印教材中某些业务的原始单据,进行粘贴演练。本实战演练可要求学生训练业务 1 至业务 21 的原始凭证粘任务。

第三,建账结束后,小组成员本应根据模拟企业发生的经济业务按照企业所采用的会计核算程序编制记账凭证和登记账簿。但是,由于填制和审核原始凭证是会计工作的起点,每位同学都应具备编制会计分录的基本技能。本实训共有 75 笔业务,每位同学先独立在作业纸上编写会计分录,在指导老师讲评后,建议按单元开展循环操练(见表 9 - 3),以避免手工账实训时一步错,步步错,提高手工账实训的效率和效果。业务按单元演练即要求本单元内实操演练流程全部结束后才能进行下一个环节。

四、实验具体项目与步骤

本实验虽对实验项目进行七大类划分,但具体的实验过程只有进行细化,才能有效开展实验工作。指导老师可参考表 9 - 3 的具体实验步骤。

表 9 - 3　实验具体项目与步骤

序号	实训项目	业务单元	实操演练流程建议
1	实训项目一:建账	期初建账	总要求:根据模拟实训材料建立账册,即具体如下: (1)总账会计:总账建账 (2)出纳:日记账建账 (3)往来账会计:应收账款明细账、预收账款明细账、应付账款明细账、预付账款明细账建账 (4)成本会计:原材料明细账、库存商品明细账、发出商品明细账、制造费用明细账、管理费用明细账、销售费用明细账、财务费用明细账、主营业务成本明细账、主营业务收入明细账、其他业务成本明细账、其他业务收入明细账、生产成本明细账建账 (5)税务会计:应交税费明细账、应交增值税明细账

续表

序号	实训项目	业务单元	实操演练流程建议
2	实训项目二：填制和审核会计凭证 实训项目三：登记账簿 实训项目四：成本计算	业务1至业务23	(1)每位同学在作业纸上编写会计分录 (2)指导老师对各笔业务进行点评 (3)将书上的原始凭证复印，裁剪原始凭证 (4)制单员逐笔编制记账凭证，将每笔业务的原始凭证黏贴在粘贴单上，并附在填写好的每笔业务记账凭证后 (5)进行凭证传递，由相关人员完成审核与登记账簿工作
3	实训项目二：填制和审核会计凭证 实训项目三：登记账簿 实训项目四：成本计算	业务24至业务54	(1)每位同学在作业纸上编写会计分录 (2)指导老师对各笔业务进行点评 (3)制单员逐笔编制记账凭证 (4)进行凭证传递，由相关人员完成审核与登记账簿等工作
4	实训项目二：填制和审核会计凭证 实训项目三：登记账簿 实训项目四：成本计算	业务55至业务75	本单元实训由于成本数据每题均有关联，则要求逐笔完成成本计算、编制凭证和登记账簿等相关工作
5	实训项目五：结账与对账	月末结账	(1)总账会计：总账月结 (2)出纳：日记账月结 (3)往来账会计：应收账款明细账、预收账款明细账、应付账款明细账、预付账款明细账月结 (4)成本会计：原材料明细账、库存商品明细账、发出商品明细账、制造费用明细账、管理费用明细账、销售费用明细账、财务费用明细账、主营业务成本明细账、主营业务收入明细账、其他业务成本明细账、其他业务收入明细账、生产成本明细账月结 (5)税务会计：应交税费明细账、应交增值税明细账月结

续表

序号	实训项目	业务单元	实操演练流程建议
6	实训项目五：结账与对账	月末对账	(1)总账银行存款账户余额与银行存款日记账核对 (2)总账库存现金余额与库存现金日记账核对 (3)总账应收账款、预收账款、应付账款和预付账款账户余额与相对应的债权债务类明细账核对 (4)总账原材料、库存商品、发出商品、制造费用、管理费用、销售费用、财务费用、主营业务成本、主营业务收入、其他业务成本、其他业务收入、生产成本账户余额与相对应的明细账核对 (5)总账应交税费账户余额与应交税费明细账核对
7	实训项目六：编制会计报表	月末编报	(1)编制试算平衡表 (2)编制资产负债表 (3)编制利润表 (4)编制现金流量表(现金流量表一般在年末编制,实训中为了了解现金流量表的结构,也可尝试编制月度现金流量表)
8	实训项目七：装订凭证、账簿和报表	月末装订凭证	整理和装订会计凭证

第十章 实训资料

本手工账模拟实训选用鹏程电子股份有限公司1月发生的经济业务,请认真阅读企业简介及各项财务制度。

一、模拟企业简介

鹏程电子股份有限公司是福建省一家中型的生产与销售液晶电视机显示屏、主板电路板外壳和液晶电视机的企业。企业类型为股份有限公司,于2010年注册成立,在工商行政管理部门的注册资本为4000万元。公司法人代表:唐倩。该厂设有加工、装配两个基本生产车间,主要从事液晶电视显示屏、主板、电路板、外壳和液晶电视机的生产。另设有一个机修车间为辅助生产车间,主要负责机器设备的维修。该企业产品的供应流程如图10-1所示。

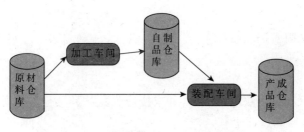

图10-1 鹏程电子公司生产工艺流程

该企业的加工车间到材料仓库领用各种材料进行加工,生产出各种产品(半成品),包括液晶电视显示屏、主板、电路板、外壳等,经检验合格后交给自制品仓库,等待装配车间组装成电视机出售,也可单独出售。装配车间根据客户需求,从原材料仓库领用各种材料、外购件、半成品组装成各种电视机,完工后经检测合格交给产成品仓库,等待出售。

二、财务核算制度

本企业较为重要的财务制度如下：

(一)会计准则和会计制度

公司执行财政部统一颁布的《企业会计准则》和《企业会计制度》及其补充规定。

(二)会计年度

公司以日历年度作为会计决算年度,即每年 1 月 1 日至 12 月 31 日为一个标准会计年度。

(三)记账本位币和记账基础

公司采用人民币作为记账本位币,以权责发生制作为记账基础。

(四)重要资产核算制度

企业重要资产包括货币资金、存货、固定资产。

1. 货币资金

库存现金的限额为 50000 元,银行存款只开立基本存款一个明细账户。

2. 坏账准备

坏账准备采用备抵法进行核算,月末按应收账款和其他应收款各明细账户借方余额的 0.5% 计提。

3. 存货核算

(1)原材料。对于购入并验收入库的原材料物资,采用计划成本法核算;对于原材料领用发出,也采用计划成本法核算,月末需计算材料成本差异率,并调节原材料的发出成本和结存成本。

(2)自制品。对于完工入库的自制品按照实际生产成本入账,对于自制品的领用和销售采用个别计价法核算。

(3)产成品。对于完工入库产成品按照实际生产成本入账;对于产成品的销售,则采用全月一次加权平均的方法进行核算。

(4)低值易耗品。对于各车间、各部门领用的低值易耗品或包装物,则按照一次摊销法摊销计入相应车间、部门的成本费用项目。

4. 资产减值计提

存货跌价准备,采用成本与可变现净值孰低法。可供出售金融资产减值损失、长期股权投资减值损失、持有至到期投资减值损失分别根据其账面价值与可回收金额孰低法的原则,按单项计提。

5. 固定资产

固定资产折旧的核算采用平均使用年限法,分类别计提折旧,机器设备的月折旧率为1%,房屋建筑类的月折旧率为0.6%。固定资产减值准备根据其账面价值与可收回金额孰低法的原则,按单项计提。

6. 无形资产

无形资产的核算采用分期平均摊销法。

(五)产品成本核算制度

由于公司生产特点属于多步式生产,公司采用分步法计算产品成本。生产过程中发生的直接材料、直接人工等直接费用,将直接计入各生产步骤相关产品的成本明细账中;而对于生产部门共同发生的费用,则采用一定的分配方法(如加工车间和装配车间的共性费用采用直接分配法,并按生产工时分配给受益对象)计入各类产品成本明细账中,月末再按照定额法计算在产品成本和完工产品成本的具体金额。具体要求如下:

加工车间设置:"生产成本—基本生产成本—加工车间(主板)"账户,"生产成本—基本生产成本—加工车间(电路板)"账户、"生产成本—基本生产成本—加工车间(液晶显示屏)账户"、"生产成本—基本生产成本—加工车间(纯平显示屏)"账户和"生产成本—基本生产成本—加工车间(外壳)"账户。加工车间产品完工后入自制品仓库,企业领用自制品时采用个别计价法进行成本核算。

装配车间设置:"生产成本—基本生产成本—装配车间(紫光电视)"账户、"生产成本—基本生产成本—装配车间(青光电视)"账户、"生产成本—基本生产成本—装配车间(情光电视)"账户和"生产成本—基本生产成本—装配车间(彩光电视)"账户。装配车间所有已销售产品成本月末一次性结转,并按一次加权平均法进行结转。

辅助生产成本的核算设置:"生产成本—辅助生产成本(机修车间)"账户,月末其费用分配采用直接分配法并按生产工时分配给受益对象。

(六)税务部分

企业为一般纳税人,增值税税率为17%,营业税税率为5%;城市建设维护税按实际应缴的流转税(包括增值税、消费税、营业税)征收,税率为7%;教育费附加税率按实际应缴的流转税(包括增值税、消费税、营业税)征收,征收率为3%;企业所得税税率为25%,平时通常按照各期预计利润总额的25%预缴企业所得税,会计年度结束时再进行汇算清缴(模拟企业暂不考虑纳税调整项目)。

(七)公司财务部门组织结构图及职责

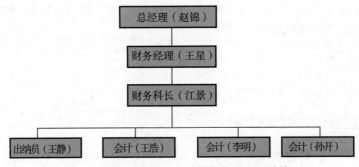

图10-2 鹏程电子公司财务部门组织结构

1. 出纳岗位

出纳员:王静

工作内容:1)负责办理公司现金、银行结算业务。

2)审查收付款凭证并登记日记账,编制公司资金日报表。

3)负责保管库存现金、银行票据和各种有价证券。

4)负责现金日记账和银行存款日记账登记。

2. 会计岗位

往来账会计:王浩

工作内容:1)负责编制各类记账凭证。

2)登记往来明细账,进行应收、应付等往来款项业务的核算、管理。

3)负责每月与客户对账,寄发对账单及催收对账单。

4)负责应收账款、预收账款、应付账款、预付账款明细账。

3. 会计岗位

成本费用会计:李明

工作内容:1)登记成本费用明细账、进行成本费用核算。

2)填写各种成本费用计算表。

3)负责原材料、库存商品、发出商品、制造费用、管理费用、销售费用、财务费用、主营业务成本、主营业务收入、其他业务成本、其他业务收入明细账。

4. 会计岗位

税务核算会计:孙开

工作内容:1)编制公司年度税务计划。

2)税务核算和办理纳税申报,办理减免税、退税工作等。

3)负责发票的领购、保管、开具、登记工作。

4)协助上级领导协调同税务部门的关系。

5)负责应交税费明细账、应交增值税明细账。

6)负责稽核各类记账凭证。

5. 财务科长

总账会计:江景

工作内容:1)负责登记总账。

2)负责银行存款余额调节表的编制。

3)负责编制科目汇总表,登记总账。

6. 财务经理

财务经理:王星

工作内容:1)编制公司会计报表、年终决算报表及会计报表附注。

2)负责编制财务报告分析,分析公司运营状况。

3)负责公司年度审计工作。

4)管理本部门的各项事务。

三、模拟企业期初数据

鹏程电子股份有限公司总分类账簿及明细账簿余额数据见表 10 - 1 至表 10 - 7。

表 10 –1 鹏程电子股份有限公司会计科目级次和对应账户 201X 年年初余额

单位:元

编号	一级科目	明细科目			总账期初余额	
		二级	三级	四级	借方	贷方
1001	库存现金				20000.00	
1002	银行存款	基本存款			6677700.30	
1012	其他货币资金	外埠存款			1800000.00	
1012	其他货币资金	存出投资款			1200000.00	
1101	交易性金融资产				600000.00	
1121	应收票据	东南贸易公司			110000.00	
1121	应收票据	温江商场			160000.00	
1121	应收票据	鸿业公司			30000.00	
1121	应收票据	福清电脑商城			0.00	
1121	应收票据	大地数码商城			0.00	
1122	应收账款	云龙隆兴商场			150000.00	
1122	应收账款	温州网络中心			0.00	
1122	应收账款	大地数码商城			0.00	
1123	预付账款	上海钢铁厂			200000.00	
1123	预付账款	福建日报			50000.00	
1123	预付账款	福州市邮政管理局			0.00	
1221	其他应收款				0.00	
1231	坏账准备					750.00
1401	材料采购	主要材料	芯片类		0.00	
1401	材料采购	主要材料	电机类		0.00	
1401	材料采购	主要材料	驱动板		0.00	
1401	材料采购	主要材料	LED 屏		0.00	
1401	材料采购	主要材料	其他主要材料		0.00	
1401	材料采购	外购件	扬声器		0.00	

续表

编号	一级科目	明细科目			总账期初余额	
		二级	三级	四级	借方	贷方
1401	材料采购	外购件	喇叭		0.00	
1401	材料采购	外购件	遥控板		0.00	
1401	材料采购	外购件	按键板		0.00	
1401	材料采购	外购件	其他外购件		0.00	
1401	材料采购	辅助材料	包装箱		0.00	
1401	材料采购	辅助材料	油漆		0.00	
1401	材料采购	辅助材料	燃料		0.00	
1401	材料采购	辅助材料	其他辅助材料		0.00	
1403	原材料	主要材料	芯片类		500000.00	
1403	原材料	主要材料	电机类		200000.00	
1403	原材料	主要材料	驱动板		216000.00	
1403	原材料	主要材料	LED屏		99960.00	
1403	原材料	主要材料	其他主要材料		700040.00	
1403	原材料	辅助材料	包装箱		10100.00	
1403	原材料	辅助材料	油漆		42000.00	
1403	原材料	辅助材料	燃料		25000.00	
1403	原材料	辅助材料	其他辅助材料		68900.00	
1403	原材料	外购件	扬声器		528000.00	
1403	原材料	外购件	喇叭		60000.00	
1403	原材料	外购件	遥控板		75000.00	
1403	原材料	外购件	按键板		70000.00	
1403	原材料	外购件	其他外购件		1000000.00	
1403	原材料	自制品	主板		300000.00	

续表

编号	一级科目	明细科目			总账期初余额	
		二级	三级	四级	借方	贷方
1403	原材料	自制品	电路板		585000.00	
1403	原材料	自制品	液晶显示屏		270000.00	
1403	原材料	自制品	纯平显示屏		440000.00	
1403	原材料	自制品	外壳		260000.00	
1404	材料成本差异				102155.40	
1405	库存商品	紫光电视			2722500.00	
1405	库存商品	青光电视			30000.00	
1405	库存商品	情光电视			3200000.00	
1405	库存商品	彩光电视			1900000.00	
1406	发出商品	大地数码商城	电路板		90000.00	
1406	发出商品	大地数码商城	主板		30000.00	
1406	发出商品	大地数码商城	外壳		39000.00	
1406	发出商品	南台大世界商场	主板		366000.00	
1406	发出商品	天润世纪商城	电路板		0.00	
1406	发出商品	天润世纪商城	液晶显示屏		0.00	
1406	发出商品	天润世纪商城	主板		0.00	
1406	发出商品	天润世纪商城	纯平显示屏		0.00	
1411	周转材料	包装物			200000.00	
1411	周转材料	低值易耗品	工作服		50000.00	
1411	周转材料	低值易耗品	量具		50000.00	
1411	周转材料	低值易耗品	刀具		100000.00	
1411	周转材料	低值易耗品	其他		300000.00	
1471	存货跌价准备				0.00	

续表

编号	一级科目	明细科目			总账期初余额	
		二级	三级	四级	借方	贷方
1511	长期股权投资	重庆嘉陵股份有限公司			600000.00	
1511	长期股权投资	云南红河股份有限公司			400000.00	
1511	长期股权投资	永乐投资			0.00	
1512	长期股权投资减值准备					5000.00
1503	可供出售金融资产				250000.00	
1501	持有至到期投资				100000.00	
1601	固定资产	生产线			19000000.00	
1601	固定资产	建筑			4200000.00	
1601	固定资产	设备机床			1500000.00	
1601	固定资产	仓库			300000.00	
1601	固定资产	热水器			0.00	
1602	累计折旧					4500000.00
1603	固定资产减值准备					320000.00
1604	在建工程				1500000.00	
1605	工程物资				50000.00	
1606	固定资产清理				0.00	
1701	无形资产	专利权			500000.00	
1702	累计摊销					0.00
1901	待处理财产损溢	待处理流动资产损溢				0.00
1901	待处理财产损溢	待处理非流动资产损溢				0.00
2001	短期借款					160000.00

续表

编号	一级科目	明细科目			总账期初余额	
		二级	三级	四级	借方	贷方
2201	应付票据					50000.00
2202	应付账款	鞍山钢铁厂				35000.00
2203	预收账款	厦门天虹商场				0.00
2211	应付职工薪酬	工资				457100.00
2211	应付职工薪酬	职工福利				150000.00
2211	应付职工薪酬	职工教育经费				75000.00
2211	应付职工薪酬	工会经费				175000.00
2211	应付职工薪酬	社会保险费				95090.30
2211	应付职工薪酬	住房公积金				45710.00
2221	应交税费	未交增值税				450000.00
2221	应交税费	应交城市维护建设税				31500.00
2221	应交税费	应交所得税				171250.00
2221	应交税费	应交个人所得税				4800.00
2221	应交税费	应交营业税				83750.00
2221	应交税费	应交教育费附加				13500.00
2231	应付利息	借款利息				10000.00
2232	应付股利					600000.00
2241	其他应付款	代扣个人社保				0.00
2241	其他应付款	代扣个人住房公积金				0.00
4001	实收资本					42000000.00
4002	资本公积					700000.00
4101	盈余公积					2300000.00
4103	本年利润					0.00
4104	利润分配					2255905.40

续表

编号	一级科目	明细科目			总账期初余额	
		二级	三级	四级	借方	贷方
5001	生产成本	基本生产成本	加工车间	主板	17000.00	
5001	生产成本	基本生产成本	加工车间	电路板	645000.00	
5001	生产成本	基本生产成本	加工车间	液晶显示屏	0.00	
5001	生产成本	基本生产成本	加工车间	纯平显示屏	0.00	
5001	生产成本	基本生产成本	加工车间	外壳	0.00	
5001	生产成本	基本生产成本	装配车间	紫光电视	0.00	
5001	生产成本	基本生产成本	装配车间	青光电视	0.00	
5001	生产成本	基本生产成本	装配车间	情光电视	0.00	
5001	生产成本	基本生产成本	装配车间	彩光电视	0.00	
5001	生产成本	辅助生产成本	机修车间		0.00	
5101	制造费用	加工车间	水电费		0.00	
5101	制造费用	加工车间	辅助材料		0.00	
5101	制造费用	加工车间	工作服		0.00	
5101	制造费用	加工车间	办公费		0.00	
5101	制造费用	加工车间	原材料成本差异		0.00	
5101	制造费用	加工车间	工资及福利		0.00	
5101	制造费用	加工车间	折旧费		0.00	
5101	制造费用	加工车间	辅助生产费用		0.00	
5101	制造费用	装配车间	水电费		0.00	
5101	制造费用	装配车间	辅助材料		0.00	
5101	制造费用	装配车间	工作服		0.00	
5101	制造费用	装配车间	办公费		0.00	
5101	制造费用	装配车间	原材料成本差异		0.00	

编号	一级科目	明细科目			总账期初余额	
		二级	三级	四级	借方	贷方
5101	制造费用	装配车间	工资及福利		0.00	
5101	制造费用	装配车间	折旧费		0.00	
5101	制造费用	装配车间	辅助生产费用		0.00	
6001	主营业务收入	紫光电视			0.00	
6001	主营业务收入	青光电视			0.00	
6001	主营业务收入	情光电视			0.00	
6001	主营业务收入	彩光电视			0.00	
6051	其他业务收入	主板			0.00	
6051	其他业务收入	电路板			0.00	
6051	其他业务收入	液晶显示屏			0.00	
6051	其他业务收入	纯平显示屏			0.00	
6051	其他业务收入	外壳			0.00	
6101	公允价值变动损益				0.00	
6111	投资收益				0.00	
6301	营业外收入				0.00	
6401	主营业务成本	紫光电视			0.00	
6401	主营业务成本	青光电视			0.00	
6401	主营业务成本	情光电视			0.00	
6401	主营业务成本	彩光电视			0.00	
6402	其他业务成本	主板			0.00	
6402	其他业务成本	电路板			0.00	
6402	其他业务成本	液晶显示屏			0.00	
6402	其他业务成本	纯平显示屏			0.00	
6402	其他业务成本	外壳			0.00	

续表

编号	一级科目	明细科目			总账期初余额	
		二级	三级	四级	借方	贷方
6403	营业税金及附加				0.00	
6601	销售费用	广告费			0.00	
6601	销售费用	专设销售机构人员工资			0.00	
6602	管理费用	办公费			0.00	
6602	管理费用	物料消耗			0.00	
6602	管理费用	水电费			0.00	
6602	管理费用	报刊费			0.00	
6602	管理费用	差旅费			0.00	
6602	管理费用	社会保险费			0.00	
6602	管理费用	住房公积金			0.00	
6602	管理费用	招待费			0.00	
6602	管理费用	无形资产摊销			0.00	
6602	管理费用	盘盈冲减			0.00	
6602	管理费用	工资及福利			0.00	
6602	管理费用	折旧费			0.00	
6602	管理费用	辅助生产费用			0.00	
6603	财务费用	贴现利息			0.00	
6603	财务费用	手续费			0.00	
6603	财务费用	利息			0.00	
6603	财务费用	汇兑损益			0.00	
6701	资产减值损失				0.00	
6711	营业外支出				0.00	
6801	所得税费用				0.00	
	合计				54689355.70	54689355.70

表 10－2　201×年年初外购原材料明细结存表

单位:元

材料类别	品种	计量单位	数量	计划单价	金额
主要材料	芯片类	块	1000	500	500000.00
主要材料	电机类	台	1000	200	200000.00
主要材料	驱动板	块	2000	108	216000.00
主要材料	LED 屏	块	1680	59.50	99960.00
主要材料	其他主要材料	－	－	－	700040.00
外购件	扬声器	块	220	2400	528000.00
外购件	喇叭	个	200	300	60000.00
外购件	遥控板	块	150	500	75000.00
外购件	按键板	个	200	350	70000.00
外购件	其他外购件	－	－	－	1000000.00
辅助材料	包装箱	个	100	101	10100.00
辅助材料	油漆	桶	400	105	42000.00
辅助材料	燃料	千克	500	50	25000.00
辅助材料	其他辅助材料	－	－	－	68900.00
	合计				3595000.00

说明:其他主要材料包括:GE 材料、BB 材料、金属薄片、塑钢、合成橡胶和橡胶质感材料。

表 10－3　201×年年初原材料自制品明细结存表

单位:元

产品名称	计量单位	数量	单位成本	总成本
电路板		650	900	585000.00
液晶显示屏		150	1800	270000.00
主板		500	600	300000.00
纯平显示屏		400	1100	440000.00
外壳		1000	260	260000.00
合计				1855000.00

表10 – 4   201×年年初自制品在产品期初余额明细表

单位:元

产品名称	直接材料	直接人工	制造费用	合计
电路板	470000.00	80000.00	95000.00	645000.00
液晶显示屏	0.00	0.00	0.00	0.00
主板	10000.00	5000.00	2000.00	17000.00
纯平显示屏	0.00	0.00	0.00	0.00
外壳	0.00	0.00	0.00	0.00
合计	480000.00	85000.00	97000.00	662000.00

表10 – 5   201×年年初装配车间在产品期初余额明细表

单位:元

产品名称	直接材料	直接人工	制造费用	合计
紫光电视	0.00	0.00	0.00	0.00
青光电视	0.00	0.00	0.00	0.00
情光电视	0.00	0.00	0.00	0.00
彩光电视	0.00	0.00	0.00	0.00
合计	0.00	0.00	0.00	0.00

表10 – 6   201×年年初库存商品结存明细表

单位:元

产品名称	计量单位	数量	单位成本	总成本
紫光电视	台	495	5500	2722500.00
青光电视	台	6	5000	30000.00
情光电视	台	800	4000	3200000.00
彩光电视	台	200	9500	1900000.00
合计	台			7852500.00

表10 – 7   201×年年初发出商品结存明细表

单位:元

委托代销单位	产品名称	数量	单位成本	总成本
大地数码商城	电路板	100	900	90000.00
大地数码商城	主板	50	600	30000.00
大地数码商城	外壳	150	260	39000.00
南台大世界商场	主板	610	600	366000.00
合计				525000.00

四、201×年1月发生的经济业务

说明1：以下业务所有的201×年份均表示当年的年份，201×-1表示当年度的上一年。例如，今年是2014年，则201×年表示2014年，201×-1表示2013年。

说明2：根据以下原始凭证填制记账凭证时，尽量读懂原始凭证的会计信息，如果确实看不懂可参考第十章相关的业务文字说明和解题小贴士。

说明3：为了对每笔经济业务的原始单据进行有效归类索引，所有业务的原始单据以图片形式展示，并在图下方标有名称以示区别。例如"图10-6 业务4原始单据1"则表示业务4的第1张原始单据。

(1)业务1(见图10-3)。

(2)业务2(见图10-4)。

(3)业务3(见图10-5)。

(4)业务4(见图10-6至图10-9)。

(5)业务5(见图10-10)。

(6)业务6(见图10-11至图10-13)。

(7)业务7(见图10-14至图10-16)。

(8)业务8(见图10-17至图10-18)。

(9)业务9(见图10-19至图10-20)。

(10)业务10(见图10-21)。

(11)业务11(见图10-22至图10-24)。

(12)业务12(见图10-25至图10-26)。

(13)业务13(见图10-27至图10-30)。

(14)业务14(见图10-31至图10-33)。

(15)业务15(见图10-34至图10-35)。

(16)业务16(见图10-36至图10-41)。

(17)业务17(见图10-42至图10-43)。

(18)业务18(见图10-44至图10-45)。

(19)业务19(见图10-46)。

(20)业务20(见图10-47至图10-48)。

(21)业务21(见图10-49至图10-51)。

(22)业务22(见图10-52)。

(23)业务23(见图10-53至图10-54)。

（24）业务24(见图10－55至图10－57)。

（25）业务25(见图10－58至图10－62)。

（26）业务26(见图10－63)。

（27）业务27(见图10－64)。

（28）业务28(见图10－65至图10－66)。

（29）业务29(见图10－67至图10－68)。

（30）业务30(见图10－69)。

（31）业务31(见图10－70至图10－71)。

（32）业务32(见图10－72至图10－73)。

（33）业务33(见图10－74至图10－75)。

（34）业务34(见图10－76)。

（35）业务35(见图10－77)。

（36）业务36(见图10－78至图10－81)。

（37）业务37(见图10－82至图10－86)。

（38）业务38(见图10－87)。

（39）业务39(见图10－88)。

（40）业务40(见图10－89)。

（41）业务41(见图10－90至图10－94)。

（42）业务42(见图10－95)。

（43）业务43(见图10－96至图10－98)。

（44）业务44(见图10－99至图10－100)。

（45）业务45(见图10－101至图10－102)。

（46）业务46(见图10－103至图10－104)。

（47）业务47(见图10－105至图10－106)。

（48）业务48(见图10－107至图10－108)。

（49）业务49(见图10－109)。

（50）业务50(见图10－110)。

（51）业务51(见图10－111至图10－112)。

（52）业务52(见图10－113)。

（53）业务53(见图10－114)。

（54）业务54(见图10－115)。

（55）业务55:分摊发出材料成本差异(见图10－116至图10－118)。

（56）业务56:分配本月职工工资。其中,生产工人工资按生产工时分配。加工车间生产工时:主板9000工时、电路板10000工时、液晶显示屏5000工时、纯平显示屏 0 工时和外壳 0 工时。装配车间生产工时:彩光电视 100 工时,其他品种本月未生产,为 0 工时(见图 10 - 119 至图 10 - 122)。

(57)业务 57:分配本月企业负担的社会保险费和住房公积金(见图 10 - 123)。

(58)业务 58:计提本月职工福利费、工会经费和职工教育经费(见图 10 - 124)。

(59)业务 59:计提本月固定资产折旧(见图 10 - 125)。

(60)业务 60:用直接分配法按生产工时分配本月机修车间辅助生产费用。其中,加工车间 1500 工时、装配车间 400 工时和公司管理部门 1100 工时(见图 10 - 126)。

(61)业务 61:按生产工时分配 1 月加工车间和装配车间的制造费用。其中,加工车间生产工时:主板 9000 工时、电路板 10000 工时、液晶显示屏 5000 工时、纯平显示屏 0 工时和外壳 0 工时。装配车间生产工时:彩光电视 100 工时,其他品种本月为 0 工时(见图 10 - 127 至图 10 - 128)。

(62)业务 62:加工车间生产自制品完工并验收入库。月末在产品使用定额成本法进行估算。主板月末单位在产品成本:直接材料 400.00 元/片、直接人工 22.4375 元/片和制造费用 20.00 元/片。电路板月末单位在产品成本:直接材料 560.00 元/个、直接人工 113.8750 元/个和制造费用 30.00 元/个。液晶显示屏月末单位在产品成本:直接材料 1010.00 元/台、直接人工 46.8750 元/台和制造费用 20.00 元/台(见图 10 - 129 至图 10 - 132)。

(63)业务 63:装配车间生产产品完工并验收入库。月末在产品使用定额成本法进行估算。彩光电视月末单位在产品成本:直接材料 2016.60 元/台、直接人工 1563.25 元/台和制造费用 89.3140 元/台(见图 10 - 133 至图 10 - 134)。

(64)业务 64:按个别计价法结转已销售自制品销售成本,本月直接销售和代理销售自制品的单位成本:主板 600 元/片、电路板 900 元/个、液晶显示屏 1800 元/台、纯平显示屏 1100 元/台和外壳 260 元/个(见图 10 - 135)。

(65)业务 65:按一次加权平均法结转已销售商品成本(见图 10 - 136 至图 10 - 137)。

(66)业务 66:月末计提坏账准备(见图 10 - 138)。

(67)业务 67:月末计提存货跌价准备(见图 10 - 139)。

(68)业务 68:月末计提固定资产减值准备(见图 10 - 140)。

(69)业务 69:估算本月应缴纳的增值税,并进行增值税结转(见图 10 - 141)。

(70)业务 70:计算本月的营业税金及附加(见图 10 - 142)。

(71)业务 71:根据账簿记录结转本月收入类账户。

(72)业务 72:根据账簿记录结转本月成本费用类账户。

(73)业务 73:计算本月应交企业所得税(见图 10 - 143)。

(74)业务 74:结转本月企业所得税。

(75)业务 75:根据账簿记录结转本年净利润。

五、对201×年1月发生的经济业务的简要说明和解题小贴士

（1）业务1：201×年1月1日，收回云龙隆兴商场的应收货款。

【小贴士】银行结算方式比较说明

表10－8 银行结算方式比较

结算方式	定义	分类	使用规定	适用范围与条件
支票	支票是由出票人签发的，委托办理支票存款业务的银行在见票时无条件支付确定的金额给收款人或者持票人的票据	现金支票只能支取现金；转账支票只能转账；普通支票可支取现金、可转账；划线支票只能转账	禁止签发空头支票；若签发空头支票被银行退票，按票面金额处以5%但不低于1000元罚款，持票人有权要求出票人按票面金额的2%赔偿	单位与个人均可；同城结算
银行本票	银行本票是申请人将款项交存银行，由银行签发的承诺自己在见票时无条件支付确定的金额给收款人或者持票人的票据	不定额本票；定额本票	可用于转账，也可用于支取现金；申请人或收款人为单位的，不得申请签发现金银行本票	单位与个人均可；同城结算
银行汇票	银行汇票是由出票银行签发的，由其在见票时按照实际结算金额无条件支付给收款人或者持票人的票据	—	可用于转账，也可用于支取现金；申请人或收款人为单位的，不得使用现金银行汇票	单位与个人均可；同城异地均可
商业汇票	商业承兑汇票是由出票人签发的，由银行以外的付款人承兑，委托付款人在指定日期无条件支付确定的金额给收款人或者持票人的票据	商业承兑汇票；银行承兑汇票	—	同城异地均可

结算方式	定义	分类	使用规定	适用范围与条件
汇兑	汇兑又称为"汇兑结算",是指企业(汇款人)委托银行将其款项支付给收款人的结算方式。这种方式便于汇款人向异地的收款人主动付款	信汇电汇	汇款人可"申请撤销";可以办理"退汇"	单位与个人均可;异地结算
委托收款	委托收款结算是收款人向银行提供收款依据,委托银行向付款人收取款项的一种结算方式	邮寄电报	单位和个人凭已承兑商业汇票、债券、存单等付款人债务证明办理结算;不得部分拒付	同城异地均可
托收承付	托收承付又称为"一定托收结算",是指根据购销合同由收款人发货后委托银行向异地购货单位收取货款,购货单位根据合同核对单证或验货后,向银行承认付款的一种结算方式	邮寄电报	收款人办理托收,必须具有商品确已发运的证件及其他有效证件;付款人开户银行对付款人逾期支付的款项,按每天 0.5‰ 计算赔偿金	异地结算

(2)业务 2:201×年 1 月 1 日,提取备用金。

(3)业务 3:201×年 1 月 2 日,用现金购买笔记簿。

(4)业务 4:201×年 1 月 3 日,购买原材料,材料尚未验收入库,已用银行存款支付。

【小贴士】"在途物资"与"材料采购"会计科目区别与联系

本企业原材料采用计划成本法核算,在途材料应使用"材料采购"会计科目进行核算。在原材料采用实际成本法核算企业,应使用"在途物资"会计科目进行核算。

(5)业务 5:201×年 1 月 4 日,购入的材料验收入库,结转材料成本差异。

【小贴士】"材料成本差异"会计科目使用说明

本企业原材料采用计划成本法核算,材料验收入库时应结转材料成本差异,同时使用"材料成本差异"会计科目进行核算。当实际成本大于计划成本时,表示超支差异,计入材料成本差异的借方;当实际成本小于计划成本时,表示节约差异,计入材料成本差异的贷方。

(6)业务6:201×年1月4日,生产产品领用原材料。

【小贴士】"材料成本差异"会计科目使用说明

本企业原材料采用计划成本法核算,生产领用材料一律按计划成本领用材料,等月末再计算材料成本差异率,进行一次性分摊材料成本差异率。

(7)业务7:201×年1月4日,生产产品领用原材料。

【小贴士】"自制半成品"科目变更说明

自制半成品,是指经过一定生产过程并已检验合格交付半成品仓库,但尚未制造完工成为商品的产品,仍需继续加工的中间产品。2006年新准则没有设置"自制半成品",调账时,应将"自制半成品"科目的余额转入"生产成本"科目,即"自制半成品"由"生产成本"代替。

(8)业务8:201×年1月7日,支付上一年12月员工工资。

【小贴士】"应付职工薪酬"会计科目使用说明

第一,分配工资和支付工资是两个性质完全不同的会计分录。分配工资是指将工资计入相关的成本与费用,引起成本或费用增加,应付职工薪酬负债增加;而支付工资则引起应付职工薪酬负债减少,库存现金或银行存款减少。

第二,个人代扣代缴项目的产生和处理。"五险一金"是指五种保险(包括养老保险、医疗保险、失业保险、工伤保险和生育保险)和住房公积金。其中养老保险、医疗保险和失业保险,这三种险是由企业和个人共同缴纳的保费,工伤保险和生育保险完全由企业承担,个人不需要缴纳。住房公积金由单位和职工共同缴纳。而社会保险和公积金中需由职工个人缴纳的部分,则由企业从职工应发工资中代扣。缴纳时,再将单位和代扣的个人部分合计在一起缴纳给社保中心和公积金中心。另外员工需要缴纳的个人所得税,也采用企业代扣代缴方式。企业在支付工资时,实发工资等于应发工资减去个人代扣项目,由此,支付工资时只支付实发工资。

(9)业务9:201×年1月7日,支付相关税费。

【小贴士】"未交增值税"明细科目使用说明

未交增值税是"应交税费"的二级明细科目,该科目专门用来核算未缴或多缴增值税的,平时无发生额,月末结账时,当"应交税费——应交增值税"为贷方余额时,为应缴增值税,应将其贷方余额转入该科目的贷方,反映企业未缴的增值税;当"应交税费——应交增值税"为多缴增值税时,应将其多缴的增值税转入该科目的借方,反映企业多缴的增值税。主要分录如下:

1)应缴增值税的会计处理。

借:应交税费——应交增值税(转出未交增值税)

　　贷:应交税费——未交增值税

2)多缴增值税的会计处理。

借:应交税费——未交增值税

　　贷:应交税费——应交增值税(转出多交增值税)

3)上缴增值税的会计处理。

当月上缴上月增值税

借:应交税费——未交增值税

　　贷:银行存款

当月上缴当月增值税

借:应交税费——应交增值税(已交税金)

　　贷:银行存款

(10)业务1:201×年1月7日,将资金汇往外地采购专户。

【小贴士】其他货币资金的使用

其他货币资金是指企业除现金和银行存款以外的其他各种货币资金,即存放地点和用途均与现金和银行存款不同的货币资金。包括外埠存款、银行汇票存款、银行本票存款、信用证存款和在途货币资金等。外埠存款指企业到外地进行临时或零星采购时,汇往采购地银行开立采购专户的款项。企业汇出款项时,需填写汇款委托书;汇入银行对于汇入的采购款项,按汇款单位开设采购专户。采购专户存款只付不收,款项付完后结束账户。

(11)业务11:201×年1月7日,销售产品,货款已收。

【小贴士】已销售产品成本结转说明

本题只确认收入,不结转销售成本。本企业产品销售成本的结转,按产品成本结转方法在月末一次性进行。

(12)业务12:201×年1月8日,领用原材料。

(13)业务13:201×年1月9日,销售自制品,部分货款收妥入账,部分货款以银行承兑汇票方式结算。

（14）业务 14:201×年 1 月 9 日,销售产品,款项已收。

【小贴士】已销售产品成本结转说明

本题只确认收入,不结转销售成本。本企业产品销售成本的结转,按产品成本结转方法在月末一次性进行。

（15）业务 15:201×年 1 月 10 日,预收货款。

（16）业务 16:201×年 1 月 10 日,支付电费和水费。

【小贴士】水电费增值税抵税说明

第一,此"托收凭证"为付款通知联。

第二,生产照明用电开具的是增值税专用发票,进项税额可抵扣。

（17）业务 17:201×年 1 月 11 日,订购下半年度的报刊。

【小贴士】"待摊费用"和"预提费用"的变更说明

新准则取消了"预提费用"和"待摊费用"两个科目,"预提费用"的科目余额应该按费用的性质分别转入"应付账款"、"其他应付款"和"应付利息"科目;"待摊费用"的科目余额应该转入"预付账款"或"其他应收款"。

（18）业务 18:201×年 1 月 12 日,生产产品领用原材料。

（19）业务 19:201×年 1 月 14 日,固定资产完工验收。

（20）业务 20:201×年 1 月 14 日,购买债券。

【小贴士】金融资产的比较

交易性金融资产:本科目核算的是企业为交易目的所持有的债券投资、股票投资、基金投资等交易性金融资产的公允价值及持有的直接指定为以公允价值计量且其变动计入当期损益的金融资产等。持有目的是赚取差价、短期内获利。

持有至到期投资:本科目用来核算到期日固定、回收金额固定或可确定且企业有明确意图和能力持有至到期的非衍生金融资产。

可供出售金融资产:该科目核算的是企业持有的可供出售金融资产的公允价值,包括划分为可供出售的股票投资、债券投资等金融资产。

（21）业务 21:201×年 1 月 15 日,购买原材料,尚未验收入库,款项已付。

(22)业务 22:201×年1月16日,材料验收入库,结转材料成本。

(23)业务 23:201×年1月16日,销售产品,款项已预收。

【小贴士】本题只确认收入,不结转销售成本。本企业产品销售成本的结转,按产品成本结转方法在月末一次性进行。

(24)业务 24:201×年1月16日,收到代销清单,确认收入。

【小贴士】代替商品销售收入确认说明

①代销商品分为两种方式:附退回条款的视同买断方式(非包销方式)和收取手续费方式。两者不同点在于视同买断方式的特点是受托方有定价权,实际是按委托的价格买入商品再加价销售,以价差方式赚取收益。收取手续费方式的特点是受托方没有定价权,按委托方的价格销售商品,销售实现后可得到委托方支付的手续费,以手续费方式认定收入。而委托方一般将支付的手续费记入"销售费用"科目。两者共同点在于二者都是委托方收到代销清单时才能确认收入。

②月末需结转已确认代销收入的代销商品的销售成本。

(25)业务 25:201×年1月16日,购买原材料,尚未验收入库,款项已付。

【小贴士】本题为银行承兑汇票的背书转让

(26)业务 26:201×年1月17日,材料验收入库,结转成本。

(27)业务 27:201×年1月17日,领用低值易耗品。

【小贴士】"低值易耗品"科目的变更说明

低值易耗品是指不能作为固定资产的各种用具物品,如工具、管理用具、玻璃器皿以及在经营过程中周转使用的包装容器等。新准则下."包装物"科目和"低值易耗品"可以合并为"周转材料"科目。

(28)业务 28:201×年1月17日,购买股票。

(29)业务 29:201×年1月18日,购买专利权。

(30)业务 30:201×年1月19日,职工报销差旅费。

(31)业务 32:201×年1月20日,支付员工上一年12月的社会保险费。

【小贴士】社会保险费缴纳

企业缴纳的社会保障金由企业应缴纳部分和职工应交纳的部分构成,缴纳时,单位和个人合计在一起缴纳。

(32)业务32:201×年1月22日,支付员工上一年12月的住房公积金。
【小贴士】住房公积金缴纳
企业缴纳的住房公积金由企业应缴纳部分和职工应缴纳的部分构成,缴纳时,单位和个人合计在一起缴纳。

(33)业务31:201×年1月21日,支付广告费。

(34)业务34:201×年1月22日,固定资产报废,结转清理成本。

(35)业务35:201×年1月22日,支付仓库清理费。

(36)业务36:201×年1月22日,结转固定资产出售净损益。

(37)业务37:201×年1月23日,购买原材料,尚未验收入库,款项已付。
【小贴士】运输费用进项税额抵扣
增值税一般纳税人外购和销售货物(固定生产除外)所支付的运输费用,准予计算进项税额扣除。可抵扣的进项税额一般按运费金额的7%计算。

(38)业务38:201×年1月24日,材料验收入库,结转成本。

(39)业务39:201×年1月24日,贴现商业承兑汇票。

(40)业务40:201×年1月25日,采购专户余额款项转回。

(41)业务41:201×年1月25日,非货币性物资交换。
【小贴士】非货币性资产交换
非货币性资产交换具有商业实质且公允价值能够可靠计量的,应当以换出资产的公允价值和应付的相关税费作为换入资产的成本。
非货币性资产交换的会计处理,视换出资产的类别不同而有如下区别:①换出资产为存货的,应当视同销售处理,按照公允价值确认销售收入,同时结转销售成本,相当于按照公允价值确认的收入和按账面价值结转的成本之间的差额,也即换出资产公允价值和换出资产账面价值的差额,在利润表中作为营业利润的构成部分予以列示。②换出资产为固定资产、无形资产的,换出资产公允价值和换出资产账面价值的差额,计入营业外收入或营业外支出。③换出资产为长期股权投资、可供出售金融资产的,换出资产公允价值和换出资产账面价值的差额,计入投资收益。

(42)业务42:201×年1月26日,发出商品委托代理销售。
【小贴士】"委托代销商品"科目的变更说明
新准则下"委托代销商品"由"发出商品"代替。特殊情况还可以沿用"委托代销商品"。

(43)业务43:201×年1月27日,购买办公用品,并按领用部分分摊成本。

(44)业务44:201×年1月28日,支付职工教育经费。

(45)业务45:201×年1月29日,支付汽油费。

(46)业务46:201×年1月29日,支付招待费。

(47)业务47:201×年1月31日,支付电话费。

(48)业务48:201×年1月31日,支付银行借款利息。

(49)业务49:201×年1月31日,摊销本月报刊费。

(50)业务50:201×年1月31日,本月无形资产摊销。

(51)业务51:201×年1月31日,盘盈存货。

(52)业务52:201×年1月31日,盘亏固定资产。

(53)业务53:201×年1月31日,盘盈存货处理。

(54)业务54:201×年1月31日,盘亏存货处理。

(55)业务55:201×年1月31日,分摊发出材料成本差异。

【小贴士】材料成本差异率计算

注意：周转材料低值易耗品不属于原材料，不统计在差异率中；自制品不是购入的直接材料，也不统计在内。

此题需按以下步骤逐步计算：

①根据本月材料入库单或原材料明细账，编制原材料入库汇总表。

②编制材料成本差异率计算表。

材料成本差异率是指材料成本差异额与材料计划成本的比例，通常用百分比表示。其计算公式为：材料成本差异率＝（期初材料成本差异＋当月入库成本差异）/（期初原材料计划成本＋当月入库材料计划成本）×100%

③编制发出材料成本差异率计算表。

本月发出材料应负担的成本差异＝本月发出材料的计划成本×材料成本差异率

本月发出材料的实际成本＝本月发出材料的计划成本±本月发出材料应负担的成本差异

(56)业务56:201×年1月31日，根据本月工资汇总表，编制工资分配表。

【小贴士】

此题需按以下步骤逐步计算：

①按生产工时分配加工车间生产工人工资。

②按生产工时分配装配车间生产工人工资。

③编制1月工资费用分配汇总表，并分配工资。

(57)业务57:201×年1月31日，计提本月由企业承担部分的社会保险费与公积金。

【小贴士】分配企业承担部分社会保险费和住房公积金

企业承担部分的社会保险费与公积金在多数企业一次性计入"管理费用"。

(58)业务58:201×年1月31日，计提本月职工福利费、工会经费和职工教育经费。

(59)业务59:201×年1月31日，计提本月固定资产折旧。

【小贴士】固定资产折旧计提

《企业会计制度》规定的固定资产折旧时间：当月增加的固定资产，当月不计提折旧，从下月起开始计提折旧；当月减少的固定资产，当月仍计提折旧，从下月起停止计提折旧。

《企业会计准则——固定资产》第十七条规定,除以下情况外,企业应对所有固定资产计提折旧:①已提足折旧仍继续使用的固定资产;②按照规定单独估价作为固定资产入账的土地。

《企业所得税暂行条例实施细则》第三十一条第二款规定:下列固定资产,不得提取折旧:①土地;②房屋,建筑物以外未使用,不需用以及封存的固定资产;③以经营租赁方式租入的固定资产;④已提足折旧继续使用的固定资产;⑤按照规定提取维修费的固定资产;⑥已在成本中一次性列支而形成的固定资产;⑦破产、关停企业的固定资产;⑧财政部规定的其他不得计提折旧的固定资产。提前报废的固定资产,不得计提折旧。

(60)业务60:201×年1月31日,分配机修车间辅助生产费用。
【小贴士】直接分配法
采用直接分配法并按生产工时分配给受益对象。

(61)业务61:201×年1月31日,分配本月加工车间和装配车间的制造费用。

(62)业务62:201×年1月31日,计算加工车间完工产品的生产成本,并验收入自制品仓库。
【小贴士】完工产品成本计算
完工产品成本 = 期初在产品成本 + 本期生产费用 − 期末在产品成本

(63)业务63:201×年1月31日,计算装配车间完工产品的生产成本,并验收入库存商品仓库。

(64)业务64:201×年1月31日,结转本月已销售自制品的销售成本。
【小贴士】个别计价法
根据"原材料"明细账期初存货数量及本月入库数量和本期销售数量按个别计价法分析填制"1月自制品销售成本计算表"。

(65)业务65:201×年1月31日,结转本月已销售产品的销售成本。
【小贴士】一次加权平均法
第一,根据"库存商品"明细账期初存货数量及本月入库数量按一次加权平均法分析填制"产品销售单位成本计算表"。
第二,根据"库存商品"明细账和"产品销售单位成本计算表"分析填制"产品销售成本汇总表"。

（66）业务 66：201×年 1 月 31 日，提取本月坏账准备。

（67）业务 67：201×年 1 月 31 日，计提本月存货跌价准备。

（68）业务 68：201×年 1 月 31 日，计提本月固定资产减值准备。

（69）业务 69：201×年 1 月 31 日，计算并结转本月应交增值税。

（70）业务 70：201×年 1 月 31 日，计算本月的营业税金及附加。

（71）业务 71：201×年 1 月 31 日，根据账簿记录结转本月收入类账户。
【小贴士】本题不附原始凭证

（72）业务 72：201×年 1 月 31 日，根据账簿记录结转本月费用类账户。
【小贴士】本题不附原始凭证

（73）业务 73：201×年 1 月 31 日，计算本月应交企业所得税。

（74）业务 74：201×年 1 月 31 日，结转本月企业所得税。

（75）业务 75：201×年 1 月 31 日，根据账簿记录结转本年净利润。
【小贴士】本题不附原始凭证

六、201×年1月发生的经济业务的原始单据及月末报表

托收凭证 (汇款依据或)
收账通知
4

委托日期201×年 12月 01日　　　　付款期限 201×年01月01日

业务类型	委托收款(□邮划、□电划) 托收承付 (□邮划、□电划)														
付款人	全 称	云龙隆兴商场		收款人	全 称	鹏程电子股份公司									
	账 号	022315151562			账 号	52-01234567									
	地址 福建省宁德 市县 开户行 交行宁德分行				地址 福建 省福州 市县 开户行 交行福州分行仓山区支行										
金额	人民币 (大写) 拾肆万元整					亿 千 百 十 万 千 百 十 元 角 分									
							¥	1	4	0	0	0	0	0	0
款项内容	货款	托收凭据名称	实物收据		附寄单证张数	4									
商品发运情况					合同名称号码										
备注:	上列款项已划回贵(你)行内。201×.01.01														
复核　　　记账	收讫 收款人开户银行签章 201×年 01月 01日														

交通银行福州市仓山支行 201×.01.01 收讫

此联付款人开户行凭已汇款或收款人开户 银行作收账通知

(2005)10×175公分 交15角直印刷 01512-6590118866 上海金达证券印制有限公司·2006年印制

图 10-3　业务1 原始单据

交 通 银 行
现 金 支 票存根 (闽)

GE 02 23097141

附加信息

_____

_____

_____

出票日期 201×年 01月 01日

收款人: 鹏程电子
金　额: ¥2000.00
用　途: 备用金

单位主管　　　会计

图 10-4　业务2 原始单据

商业零售发票

全国统一发票监制章
发票联
国家税务发票联总监制

税号：78955

收款单位：新华文具店

付款单位（个人）：鹏程电子股份有限公司

发票代码：123456789012

发票号码：33029018

密　码：

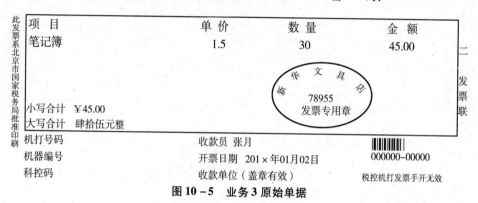

项目	单价	数量	金额
笔记簿	1.5	30	45.00

新华文具店
78955
发票专用章

小写合计　¥45.00

大写合计　肆拾伍元整

机打号码

机器编号

科控码

收款员 张月

开票日期 201×年01月02日

收款单位（盖章有效）

000000—00000

税控机打发票手开无效

图 10-5　业务 3 原始单据

1100082140　福建省增值税专用发票　No 60972952

发票联

开票日期：201×年01月03日

购货单位	名　称：鹏程电子股份有限公司 纳税人识别号：553274041023759 地　址、电话：福州市仓山区科华中路555号 开户行及账号：交行福州分行仓山区支行52-01234567	密码区	*-*5436*6+76>22126690 /073-68—<9-/+5172599 8796>2017<226<-13—8/ 77>+79*<*76479+9<>>//	加密版本:01 1100082140 60972952

货物或应税劳务名称	规格型号	单位	数量	单价	金额	税率	税额
驱动板		块	2500.00	100.00	250000.00	17%	42500.00
GE材料		平方米	500.00	60.00	30000.00	17%	5100.00
金属薄片		千克	100.00	80	8000.00	17%	1360.00
合　计					¥288000.00		¥48960.00
价税合计（大写）	叁拾叁万陆仟玖陆拾陆元整						¥336960.00

销货单位	名　称：成都高分子材料厂 纳税人识别号：2105640897 地　址、电话：成都市高新区 开户行及账号：交行高新区支行157715010400027	备注	070927001 发票专用章

收款人：　　　　　复核：　　　　　开票人：杨平会　　　　　销货单位：（章）

图 10-6　业务 4 原始单据 1

此发票系北京市国家税务局批准印刷

二 发票联

国税函 [2008]562号海南华森实业公司

第三联：发票联购货方记账凭证

1100082140　　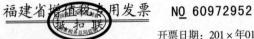福建省增值税专用发票　　N⍈ 60972952

开票日期：201×年01月03日

购货单位	名　称：鹏程电子股份有限公司 纳税人识别号：553274041023759 地址、电话：福州市仓山区科华中路555号 开户行及账号：交行福州分行仓山区支行52-0134567	密码区	*-*5436*6+76>2216690 /073-68-<9-/+5172599 8796>2017<226<-13--8/ 77>+79*<*76479+9<>>/	加密版本：0 1 1100082140 60972952

货物或应税劳务名称	规格型号	单位	数量	单价	金　额	税率	税　额
驱动板		块	2500.00	100.00	250000.00	17%	42500.00
GE材料		平方米	500.00	60.00	30000.00	17%	5100.00
金属薄片		千克	100.00	80	8000.00	17%	1360.00
合　计					￥288000.00		￥48960.00

价税合计（大写）	叁拾叁万陆仟玖佰陆拾元整	（小写）￥336960.00

销货单位	名　称：成都高分子材料厂 纳税人识别号：2105640897 地址、电话：成都市高新区 开户行及账号：交行高新区支行 157715010400027	备注	成都高分子材料厂 070927001 发票专用章

收款人：　　　　复核：　　　　开票人：杨平会　　　　销售单位：（章）

第二联：抵扣联购货方扣税凭证

图 10-7　业务4原始单据2

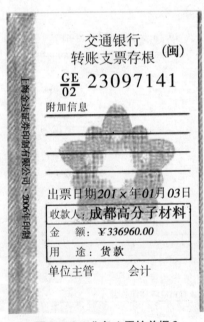

图 10-8　业务4原始单据3

交通银行　进账单　（回　单）　1

201X 年　01 月　03 日

出票人	全　称	鹏程电子股份有限公司	收款人	全　称	成都高分子材料厂
	账　号	52-01234567		账　号	157715010400027
	开户银行	交行福州分行仓山区支行		开户银行	交行高新区支行

金额	人民币（大写）	叁拾叁万陆仟玖佰陆拾元整	亿	千	百	十	万	千	百	十	元	角	分
				¥	3	3	6	9	6	0	0	0

交通银行福州市仓山支行
201X.01.03
转讫

票据种类	转账支票	票据张数	1
票据号码	23097141		

复核　　　　记账　　　　　　　　　　　　　　　　　开户银行签章

此联是开户银行交给持票人的回单

图 10-9　业务 4 原始单据 4

入　库　单

201X 01 月 04 日　　　　　　　　　　　　　　　　単号 1401001

交来单位及部门	成都高分子材料厂		发票号码或生产单号码	1100082140		验收仓库	材料仓库		入库日期	201X.01.04	

编号	名称及规格	单位	数　量		实际价格		计划价格		价格差异
			交库	实收	单价	金额	单价	金额	
12-03	驱动板	块	2500.00	2500.00	100.00	250000.00	108.00	270000.00	-20000.00
12-03	GE材料	平方米	500.00	500.00	60.00	30000.00	66.00	33000.00	-3000.00
12-03	金属薄片	千克	100.00	100.00	80.00	8000.00	74.00	7400.00	600
	合　计					¥288000.00		¥310400.00	-¥22400.00

部门经理：　　　　会计：　　　　　仓库：　　　　　　经办人：周明

会计联

图 10-10　业务 5 原始单据

领　料　单

领料部门：加工车间
用　途：生产主板　　　201X年01月04日　　　　　第 1001001 号

材料			单　位	数　量		成　本										
						单价	总　价								
编号	名　称	规　格		请领	实发		百	十	万	千	百	十	元	角	分
xy001	芯片类		块	200.00	200.00	500.00		1	0	0	0	0	0	0	0
xy003	驱动板		块	450.00	450.00	108.00			4	8	6	0	0	0	0
xy005	其他主要材料		—	—	—	—		2	5	1	4	0	0	0	0
合计							¥	4	0	0	0	0	0	0	0

会计联

部门经理：　　　　会计：李明　　　　　仓库：　　　　　　经办人：江明

图 10-11　业务 6 原始单据 1

领 料 单

领料部门：加工车间
用　途：生产电路板　　　　　201X年01月04日　　　　　第 1001002 号

材料 编号	名称	规格	单位	数量 请领	数量 实发	成本 单价	总价
xy001	芯片类		块	250.00	250.00	500.00	125000.00
xy002	电机类		台	500.00	500.00	200.00	100000.00
xy005	其他主要材料		—	—	—	—	275000.00
合计							¥500000.00

部门经理：　　　　会计：李明　　　　仓库：　　　　经办人：江明

图 10-12　业务 6 原始单据 2

领 料 单

领料部门：加工车间
用　途：生产液晶显示屏　　　　201X年 01月 04日　　　　　第1001003号

材料 编号	名称	规格	单位	数量 请领	数量 实发	成本 单价	总价
xy001	芯片类		块	150.00	150.00	500.00	75000.00
xy005	其他外购件		—	—	—	—	5000.00
xy005	其他主要材料		—	—	—	—	175000.00
合计							¥255000.00

部门经理：　　　　会计：李明　　　　仓库：　　　　经办人：江明

图 10-13　业务 6 原始单据 3

领 料 单

领料部门：装配车间
用　途：生产彩光电视　　　　201X年 01月 04日　　　　　第 1001004号

材料 编号	名称	规格	单位	数量 请领	数量 实发	成本 单价	总价
wg001	扬声器		块	100.00	100.00	2400.00	240000.00
wg002	喇叭		个	100.00	100.00	300.00	30000.00
wg005	遥控板		块	100.00	100.00	500.00	50000.00
wg004	按键板		个	100.00	100.00	350.00	35000.00
合计							¥355000.00

部门经理：　　　　会计：李明　　　　仓库：　　　　经办人：江明

图 10-14　业务 7 原始单据 1

领 料 单

领料部门：装配车间
用　途：生产彩光电视　　　　　201X 年 01 月 04 日　　　　　第 1001005 号

材料			单 位	数量		成本									
						单 价	总 价								
编号	名 称	规 格		请 领	实 发		百	十	万	千	百	十	元	角	分
wg005	其他外购件		—	—	—	—		1	4	1	6	5	0	0	0
合 计							¥	1	4	1	6	5	0	0	0

部门经理：　　　　会计：李明　　　　仓库：　　　　经办人：江明

图 10 - 15　业务 7 原始单据 2

自制品领料单

领用部门：装配车间
用途：生产彩光电视　　　　201×年 01 月 04 日　　　　第 1101001 号

材料				数量		成本	
编号	名称	规格	单位	请领	实发	单价	总额
zz001	主板		片	100.00	100.00	600.00	60000.00
zz002	电路板		个	100.00	100.00	900.00	90000.00
zz003	液晶显示屏		台	100.00	100.00	1800.00	180000.00
zz004	外壳		个	100.00	100.00	260.00	26000.00
合计							¥356000.00

部门主管　　　　会计：李明　　　　仓管：王大　　　　经办：江新

图 10 - 16　业务 7 原始单据 3

12 月工资结算汇总表

201×年 12 月 31 日 　　　　　　　　　　　　　　　　单位:元

部门		应发工资			个人代扣项目			实发
		基本工资	岗位工资	应发小计	社保	公积金	个人所得税	
加工车间	生产人员	120000	78000	198000	14500	3000	2500	178000
	管理人员	6000	5400	11400	1050	300	400	9650
装配车间	生产人员	25000	19950	44950	4500	1000	500	38950
	管理人员	1500	1650	3150	300	100	100	2650
机修车间		6000	6250	12250	1150	500	300	10300
管理部门		105000	82350	187350	12000	3000	1000	171350
合计		¥457100.00			¥33500.00	¥7900.00	¥4800.00	¥410900.00

部门主管: 　　　　　　　　会计:李明　　　　　　　　制单:王琴

图 10－17　业务 8 原始单据 1

图 10－18　业务 8 原始单据 2

电子缴税回单

0241718 国

隶属关系 ——　　　　电子缴税号553274041023759

注册类型 —— 股份有限公司　　填发日期 —— 201×年01月07日　　征收机关—— 福州市地税三分局

缴税单位	代　码	553274041023759		收款国库	市金库		
	全　称	鹏程电子股份有限公司		国库账号	11111111		
	账　号	52-01234567		预算级次	中央75%　地方25%		
	开户银行	交行福州分行仓山区支行		国库开户银行	福州地税局		
税款所属期		201×年06月-201×年12月		税款限缴日期	201×年01月10日		
预算科目	税种税目		计税金额、销售收入或课税数量	税率或单位税额	已缴或扣除额	实缴税额	
	增值税		50000000.00	17%	400000.00	450000.00	
金额合计	肆拾伍万元整						
申报方式	征收方式	打印次数	上列款项已核记入收款单位账户 扣款日期 —— 银行盖章		备注		

未加盖银行印章无效

第一联：纳税人留存

（印章：交通银行福州市仓山支行 201X.01.09 转讫）

图 10－19　业务9原始单据1

电子缴税回单

0241718 地

隶属关系 ——　　　　电子缴税号

注册类型 —— 股份有限公司　　填发日期 —— 201×年01月07日　　征收机关—— 福州地税局三分局

缴税单位	代　码	553274041023759		收款国库	市金库		
	全　称	鹏程电子股份有限公司		国库账号	222222		
	账　号	52-01234567		预算级次	地级市		
	开户银行	交行福州分行仓山区支行		国库开户银行	福州地税局仓山分行		
税款所属期		201X年06月-201X年12月		税款限缴日期	201X年01月10日		
预算科目	税种税目		计税金额、销售收入或课税数量	税率或单位税额	已缴或扣除额	实缴税额	
	城市维护建设税		450000.00	7%	--	31500.00	
	教育费附加		450000.00	3%	--	13500.00	
	企业所得税		685000.00	25%		171250.00	
	个人所得税		457100.00	--		4800.00	
	营业税		1675000.00	5%		83750.00	
金额合计	叁拾万肆仟捌佰元整					¥ 304800.00	
申报方式	征收方式	打印次数	上列款项已核记入收款单位账户。 扣款日期 —— 银行盖章		备注		

未加盖银行印章无效

第一联：纳税人留存

（印章：交通银行福州市仓山支行 201X.01.09 转讫）

图 10－20　业务9原始单据2

交通银行银行信汇凭证 (回单)   1

委托日期201X年01月07日

汇款人	全 称	鹏程电子股份有限公司	收款人	全 称	鹏程电子股份有限公司泉州采购	此联汇出行给汇款人的回单
	账 号	52-01234567		账 号	55-08327760	
	汇出地点	福建省 福州市/县		汇入地点	福建省 泉州市/县	
汇出行名称		交行福州分行仓山区支行	汇入行名称		交行泉州支行	

金额	人民币 (大写)	柒万柒仟伍佰元整	亿	千	百	十	万	千	百	十	元	角	分
							¥	7	7	5	0	0	0	0

交通银行福州市
仓山支行
201X.01.03
转讫

支付密码

附加信息及用途：
采购原材料

汇出行签章

图10-21　业务10原始单据

图10-22　业务11原始单据1

送货单

201X 年 01 月 07 日   单号:2201501

客户:福建师范大学协和学院

发出仓库:产成品仓库

编号	名称及规格	单位	数量	单价	税率	金额
cp001	紫光电视	台	300.00	7000.00	17%	2457000.00
cp002	情光电视	台	5.00	5000.00	17%	29250.00
cp003	彩光电视	台	10.00	12000.00	17%	140400.00
合计						¥2626650.00

部门经理: 会计:李明   仓库: 经办人:江心

图 10 - 23   业务 11 原始单据 2

交通银行进账单 (回 单)   1

201X 年 01 月 07 日

出票人	全 称	福建师范大学协和学院	收款人	全 称	鹏程电子股份有限公司
	账 号	81-46201358		账 号	52-01234567
	开户银行	中山仓山支行		开户银行	交行福州分行仓山区支行

金额	人民币(大写)	贰佰陆拾贰万陆仟陆佰伍拾元整		亿 千 百 十 万 千 百 十 元 角 分
				¥ 2 6 2 6 6 5 0 0 0

票据种类	转账支票	票据张数	1
票据号码	1144005		

交通银行福州市
仓山支行
201X.01.07
收讫

复核   记账   开户银行签章

图 10 - 24   业务 11 原始单据 3

领 料 单

领料部门：公司管理部门
用　途：一般消耗　　　　　　　　201X年 01月 08日　　　　　　　　第 1001006号

编号	材料 名称	规格	单位	数量 请领	数量 实发	单价	成本 总价 百	十	万	千	百	十	元	角	分	
FZ003	燃料		千克	150.00	150.00	50.00			7	5	0	0	0	0		会计联
合计									¥	7	5	0	0	0	0	

部门经理：　　　　　　会计：李明　　　　　　仓库：　　　　　　经办人：江明

图 10 − 25　业务 12 原始单据 1

领 料 单

领料部门：机修车间
用　途：一般消耗　　　　　　　　201X年 01月 08日　　　　　　　　第 1001007号

编号	材料 名称	规格	单位	数量 请领	数量 实发	单价	成本 总价 百	十	万	千	百	十	元	角	分	
FZ002	油漆		块	10.00	10.00	105.00				1	0	5	0	0	0	会计联
FZ004	其他辅助材料		—	—	—	—				2	9	5	0	0	0	
合计									¥	4	0	0	0	0	0	

部门经理：　　　　　　会计：李明　　　　　　仓库：　　　　　　经办人：江明

图 10 − 26　业务 12 原始单据 2

1100082140 福建省增值税专用发票 NO. 60972952

此联 不作 国家税务总局监制 证使用

开票日期：201X年01月09日

| 购货单位 | 名 称：福清电脑商城
纳税人识别号：42916425702891
地址、电话：福清市解放路007号
开户行及账号：建行福清支行42-91642570 | | 密码区 | *-*5436*6+76>22126690
/073-68-<9-/+5172599
8796>2017<226<-13-8/
77>+79*<*76479+9<>/ / | 加密版本：0 1
1100082140
60972952 |

货物或应税劳务名称	规格型号	单位	数量	单位	金 额	税率	税 额
电路板		个	50.00	1200.00	60000	17%	10200.00
主板		片	100.00	900.00	90000	17%	15300.00
液晶显示屏		台	25.00	2400.00	60000	17%	10200.00
合 计					￥210000.00		￥35700.00
价税合计（大写）	贰拾肆万伍仟柒佰元整					（小写）￥245700.00	

| 销货单位 | 名 称：鹏程电子股份有限公司
纳税人识别号：553274041023759
地址、电话：福州市仓山区科华中路555号
开户行及账号：交行福州分行仓山区支行52-01234567 | 备注 | 鹏程电子股份有限公司
000327451
发票专用章 |

收款人： 复核： 开票人：杨平会 销售单位：（章）

图10－27 业务13原始单据1

（右侧竖排）第一联：记帐联 销货方记帐凭证

（左侧竖排）国税函[2008]562号海南华森实业公司

送货单

201×年01月09日　　　　单号：2201502

客户：福清电脑商城

发出仓库：自制品仓库

编号	名称及规格	单位	数量	单价	税率	金额
zz002	电路板	个	50.00	1200.00	17%	70200.00
zz001	主板	片	100.00	900.00	17%	105300.00
zz003	液晶显示屏	台	25.00	2400.00	17%	70200.00
合计						￥245700.00

部门经理：　　　　　会计：李明　　　仓库：　　经办人：江心

图10－28 业务13原始单据2

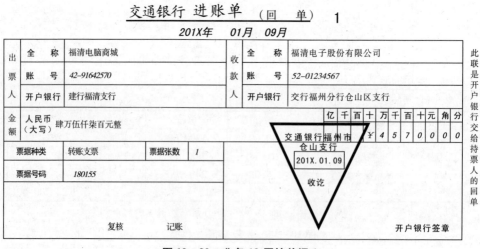

银行承兑汇票　　　　2 　GE68791083

出票日期（大写）	贰零壹X 年	零壹月	零玖 日

出票人全称	福清电脑城	收款人	全　称	鹏程电子股份有限公司
出票人账号	42-91642570		账　号	52-01234567
付款行全称	建行福清支行		开户银行	交行福州分行仓山区支行

出票金额	人民币（大写） 贰拾万元整	亿千百十万千百十元角分 ¥ 2 0 0 0 0 0 0 0

汇票到期日（大写）	贰零壹X年零伍月零玖月	付款行	行号 301300789878
承兑协议编号			地址 福清市解放路151号

本汇票请贵行承兑，到期无条件付款。

本汇票已经承兑，到期日由本行付款。

承兑行签章

承兑日期	年	月	日

出票人签字　　　　备注：

图 10-29　业务 13 原始单据 3

交通银行 进账单 （回 单） 1

201X年　01月　09月

出票人	全　称	福清电脑商城	收款人	全　称	福清电子股份有限公司
	账　号	42-91642570		账　号	52-01234567
	开户银行	建行福清支行		开户银行	交行福州分行仓山区支行

金额	人民币（大写） 肆万伍仟柒百元整	亿千百十万千百十元角分 ¥ 4 5 7 0 0 0 0

交通银行福州市仓山支行 201X.01.09 收讫

票据种类	转账支票	票据张数	1
票据号码	180155		

复核　　　记账　　　　　　　　　　　开户银行签章

图 10-30　业务 13 原始单据 4

1100082140

福建省增值税专用发票 №60972952

此联不作报税及扣税凭证使用

开票日期：201X年01月09日

购货单位	名　称：温州网络中心 纳税人识别号：587124650036109 地址、电话：温州仓前区朱雀路48号 开户行及账号：建行仓前支行		密码区	*-*5436*6+76>22126690 /073-68-<9-/+5172599 8796>2017<226<-13--8/ 77>+79*<*76479+9<>>//	加密版本：01 1100082140 60972952

货物或应税劳务名称	规格型号	单位	数量	单价	金额	税率	税额
情光电视		台	400.00	5000.00	2000000.00	17%	340000.00
合　　计					￥2000000.00		￥340000.00

价税合计（大写）	贰佰叁拾肆万元整	￥2340000.00

销货单位	名　称：鹏程电子股份有限公司 纳税人识别号：553274041023759 地址、电话：福州市仓山区科华中路555号 开户行及账号：交行福州分行仓山区支行 52-01234567	备注	（发票专用章 000327451）

收款人：　　　　复核：　　　　开票人：王明　　　　销货单位：（章）

图 10 − 31　业务 14 原始单据 1

国税图[2008]562号海南华森实业公司

第一联：记账联 销货方记账凭证

送货单

201×年01月09日　　　　　单号：2201503

客户：温州网络中心

发出仓库：产成品仓库

编号	名称及规格	单位	数量	单价	税率	金额
cp002	情光电视	台	400.00	5000.00	17%	234000.00
合计						￥234000.00

部门经理：　　　　会计：李明　　　仓库：　　　经办人：江心

图 10 − 32　业务 14 原始单据 2

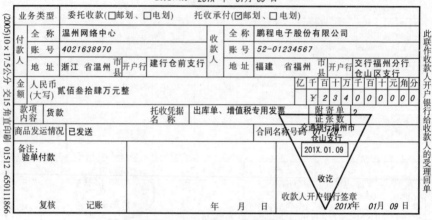

托收凭证 (受理回单)　　　1

委托日期　201X 年　01月　09 日

业务类型		委托收款(□邮划、□电划)		托收承付(☑邮划、□电划)				
付款人	全称	温州网络中心		收款人	全称	鹏程电子股份有限公司		
	账号	4021638970			账号	52-01234567		
	地址	浙江 省温州 市县	开户行 建行仓前支行		地址	福建 省福州 市县	开户行 交行福州分行仓山区支行	

金额	人民币(大写)	贰佰叁拾肆万元整					亿 千 百 十 万 千 百 十 元 角 分 ¥ 2 3 4 0 0 0 0 0 0

款项内容	货款	托收凭据名称	出库单、增值税专用发票	附寄单证张数	2

商品发运情况	已发送	合同名称号码	

备注: 验单付款		交通银行福州市 仓山支行 201X.01.09 收讫

复核　　　记账　　　　　　　年　　月　　日

收款人开户银行签章
201X年　01月 09 日

此联作收款人开户银行给收款人的受理回单

图 10-33　业务 14 原始单据 3

交通银行信汇凭证(收账通知)　　　4

委托日期201×年01月10日

汇款人	全 称	厦门天虹商场	收款人	全 称	鹏程电子股份有限公司
	账 号	55-48900135		账 号	52-01234567
	汇出地点	福建省　厦门市/县		汇入地点	福建省　厦门市/县
	汇出行名称	中行厦门支行		汇入行名称	交行福州分行仓山区支行

金额	人民币(大写)	陆拾万元整	亿 千 百 十 万 千 百 十 元 角 分 ¥ 6 0 0 0 0 0 0 0

交通银行福州市
仓山支行
201X.01.10
款项已收入收款人账户
收讫

支付密码

附加信息及用途:

复核:　　　记账:

汇入行签章

此联给收款人的收账通知

图 10-34　业务 15 原始单据 1

收款收据   NO.00490021

201×年 01月 10日

今 收 到 厦门天虹商场

交 来：购货定金

金额（大写）	陆拾	零万	零仟	零佰	零拾	零元	零角	零分

¥ 600000.00   □ 现金 □ 支票 □ 信用卡 ☑ 其他

收款单位（章）

核准　　会计　　记账　　出纳　　经手人：王静

第三联 交 财务

图 10－35　业务 15 原始单据 2

福建省增值税专用发票   №60972952

1100082140

开票日期：201×年01月10日

购货单位	名　称：鹏程电子股份有限公司 纳税人识别号：553274041023759 地址、电话：福州市仓山区科华中路555号 开户行及账号：交行福州分行仓山区支行52-01234567	密码区	3-65745<19458<3840481 75/37503848*7>+>-2//5 >*8574567-7<8*873/+<4 13-3001152-/>7142>>8-	加密版本：01 1100082140 60972952

货物或应税劳务名称	规格型号	单位	数量	单价	金　额	税率	税　额
电	生产	度	11000.00	0.5	5500.00	17%	935.00
电	照明	度	1870.00	0.5	935.00		
合　计					6435.00		935.00

价税合计（大写）　柒仟叁佰柒拾元整　　　（小写）¥7370.00

销货单位	名　称：福州市供电局 纳税人识别号：82593160271583 地址、电话：福州市仓山区大道666号 开户行及账号：工行仓山区支行77210	备注	030223033 发票专用章

收款人：　　　复核：　　　开票人：王娜　　　销货单位：（章）

国税函[2008]562号海南华森实业公司

第三联：发票联 购货方记账凭证

图 10－36　业务 16 原始单据 1

福建省增值税专用发票 №60972952

1100082140

第二联：抵扣联购货方扣税凭证

开票日期：201×年01月10日

购货单位		
名　称：鹏程电子股份有限公司		
纳税人识别号：553274041023759		
地　址、电话：福州市仓山区科华中路555号		
开户行及账号：交行福州分行仓山区支行52-01234567		

密码区
3-65745<19458<3840481
75/37503848*7>+>-2//5
>*8574567-7<8*873/+<4
13-3001152-/>7142>>8-

加密版本：01
1100082140
60972952

货物或应税劳务名称	规格型号	单位度度	数量	单价	金额	税率	税额
电	生产	度	11000.00	0.5	5500.00	17%	935.00
电	照明	度	1870.00	0.5	935.00		
合　计					6435		935.00
价税合计（大写）	柒仟叁佰柒拾元整				(小写) ￥7370.00		

销货单位	
名　称：福州市供电局	备注
纳税人识别号：82593160271583	
地　址、电话：福州市仓山区大道666号	
开户行及账号：工行仓山区支行77210	

福州市供电局
030923033
发票专用章

收款人：　　　复核：　　　开票人：王娜　　　销货单位：（章）

国税阅[2008]562号海南华森实业公司

图 10－37　业务 16 原始单据 2

自来水有限公司供水发票

发票联

发票代码：614923527081
发票号码：98709321

第二联：客户

用户号：　　　水表在用数：　　　居民户数：　　　抄表日期：　　　开单日期：201×年01月10日

用户名：鹏程电子股份有限公司	全　称：鹏程电子股份有限公司
地　址：福州市仓山区科华中路555号	帐　号：52-01234567
	开户银行：交行福州分行仓山区支行

统册号		其中（吨）	单价（元/吨）	金额（元）	滞纳金（元）	
水表卡号					手续费（元）	
上次抄码（吨）	63891.5				实收金额（元）	
本次抄码（吨）	64891.5					
用水量（吨）	1000.00	小　计	1.5	￥1500.00		
人民币（大写）：壹仟伍佰元整					财务专用章	

组别：　　　经办员：杨武　　　收费印章：

图 10－38　业务 16 原始单据 3

1月水电费分配表

单位:元

部门	水费	电费	合计
加工车间	1150.00	4855.50	6005.50
装配车间	50.00	585.00	635.00
机修车间	80.00	292.50	372.50
管理部门	220.00	702.00	922.00
合计	￥1500.00	￥6435.00	￥7935.00

图 10-39 业务 16 原始单据 4

托收凭证(付款通知)   5

委托日期 201X 年 01 月 10日   付款期限 201X 年 01 月 10日

业务类型	委托收款(□邮划、☑电划) 托收承付(□邮划、□电划)		

付款人
全称 鹏程电子股份公司
账号 52-01234567
地址 福建 省 福州 市县 开户行 交行福州分行仓山区支行

收款人
全称 福州市供电局
账号 63-38475261
地址 福建 省 福州 市县 开户行 建行仓山支行

| 金额 | 人民币(大写) 柒仟叁佰柒拾元整 | 亿 千 百 十 万 千 百 十 元 角 分
￥ 7 3 7 0 0 0 |

款项内容 支付电费
托付凭据名称
附寄单证张数 2

商品发运情况
交通银行福州市仓山支行 201X.01.10 转讫
合同名称号码 2

备注:

付款人开户银行收到日期 年 月 日
复核 记账
付款人开户银行签章 201X 年 01 月 10日

付款人注意:
1. 根据支付结算办法,上列委托收款(托收承付)款项在付款期限内未提出拒付,即视为同意付款,以此代传款通知。
2. 如需提出全部或部分拒付,应在规定期限内,将拒付理由书并附债务证明退交开户银行。

此联付款人开户银行给付款人按期付款通知

(2005)10×1.75公分 交15角直印刷 01512-650111866

图 10-40 业务 16 原始单据 5

托收凭证（付款通知）　　5

委托日期 201X 年 01月 10日　　　　付款期限　201X 年 01月 10日

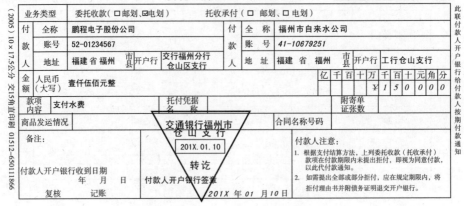

业务类型	委托收款（□邮划、☑电划）		托收承付（□邮划、□电划）	
付款人 全称	鹏程电子股份公司	收款人 全称	福州市自来水公司	
账号	52-01234567	账号	41-10679251	
地址 福建省福州 市县 开户行	交行福州分行 仓山区支行	地址 福建省福州 市县 开户行	工行仓山支行	

金额 人民币（大写）壹仟伍佰元整　　亿千百十万千百十元角分　¥150000

款项内容 支付水费　托付凭据名称　　　　附寄单证张数

商品发运情况　　合同名称号码

备注：

付款人开户银行收到日期　年 月 日
复核　　记账

交通银行福州市仓山支行
201X.01.10
转讫
201X 年 01 月 10日

付款人注意：
1. 根据支付结算方法，上列委托收款（托收承付）款项在付款期限内未提出拒付，即视为同意付款，以此代付款通知。
2. 如需提出全部或部分拒付，应在规定期限内，将拒付理由书书附债务证明退交开户银行。

图 10－41　业务16 原始单据6

福建省邮政业务通用发票

地税 NO 0019886

客户名称：鹏程电子股份有限公司　　　开票日期：201X 年 01月 11日

服务项目	单位	数 量	单 价	金 额
中国青年报（201X年6~12月）	本	1	94.00	94.00
南方周末（201X年6~12月）	本	1	80.50	80.50
电脑导报（201X年6~12月）	本	42	15.00	630.00
企业管理（201X年6~12月）	本	2	30.00	60.00
合计（人民币大写）			捌佰陆拾肆元伍角整	

开票单位（盖章）033093 发票专用章　　收款：　　开票：李明

图 10－42　业务17 原始单据1

交通银行
现金支票存根（闽）
$\frac{GE}{02}$ 23097141

附加信息 _____
_____
_____
_____

出票日期 *201X* 年 *01* 月 *11* 日

| 收款人：福州市邮政管理 |
| 金 额：¥*864.5* |
| 用 途:订阅报刊 |

单位主管　　会计

图 10-43　业务 17 原始单据 2

领 料 单

领料部门:**加工车用**
用 途:**一般耗用**　　　　*201X* 年 *01* 月 *12* 日　　　　第 *1001008* 号

材　　料			单位	数　量		成　本								
						单 价	总　价							
编号	名称	规 格		请 领	实 发		百	十	万	千	百	十	元	角	分
FZ004	其他辅助材料	-	-	-	-	-			1	9	2	7	9	1	2
合计							¥		1	9	2	7	9	1	2

部门经理:　　　　会计:李明　　　　仓库:　　　　经办人:江海平

图 10-44　业务 18 原始单据 1

领 料 单

领料部门:**装配车间**
用　途:**一般耗用**　　　　　　　　　*201X* 年　*01* 月　*12* 日　　　　　　　　第　*1001009* 号

材　料			单　位	数　量		成　本										
编号	名称	规　格		请　领	实　发	单　价	总　价									
							百	十	万	千	百	十	元	角	分	会计联
FZ004	其他辅助材料	–	–			–			5	8	8	6	5	9		
合计								￥	5	8	8	6	5	9		

部门经理:　　　　　　会计:李明　　　　　仓库:　　　　　　经办人:江海平

图 10 – 45　业务 18 原始单据 2

固定资产验收单

201X年　01月　14日　　　　　　　　　　　　编号:*140150001*

名　称	规格型号	来源	数量	购（造）价	使用年限	预计残值
生产线		在建完工	*1*	*1350000*	*10*	*0*
安装费	月折旧率	建造单位		交工日期		附件
0	*5%*	出包工程		*201X* 年　*01* 月　*14* 日		
验收部门	工程部	验收人员	建号	管理部门	资产部	管理人员　李明
备注						

审核:赵锦　　　　制单:陈庆

图 10 – 46　业务 19 原始单据

长虹集团债券

认购人:鹏程电子股份有限公司

金额:人民币(大写):柒万伍仟元整

发行债券日期:201X 年 1 月 1 日　年限 6 个月　年利率:5%

董事长:高江平

购买债券日期:201X 年 01 月 14 日

持有目的:将该债券持有至到期(半年期)

图 10 – 47　业务 20 原始单据 1

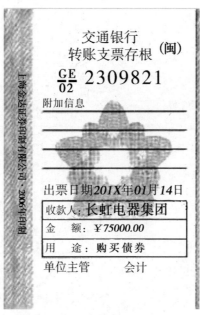

图 10 - 48　业务 20 原始单据 2

福建省增值税专用发票

1100082140　　　　　　　　　　　　　　　　№60972952

开票日期：201×年01月15日

购货单位	名　　称：鹏程电子股份有限公司 纳税人识别号：553274041023759 地址、电话：福州市仓山区科华中路555号 开户行及账号：交行福州分行仓山区支行52-01234567	密码区	*-*5436*6+76>22126690 /073-68-<9-/+5172599 8796>2017<226<-13--8/ 77>+79*<*76479+9<>>//	加密版本：01 1100082140 60972952

货物或应税劳务名称	规格型号	单位	数量	单价	金　额	税率	税　额
油漆		桶	5	100.00	500.00	17%	85.00
合　　计					￥500.00		￥85.00
价税合计（大写）	伍佰捌拾伍元整						（小写）￥585.00

销货单位	名　　称：温州天河油漆厂 纳税人识别号：382010546710237 地址、电话：温州复兴路36号 开户行及账号：交行温州分行82-10724693	备注	030323002 发票专用章

收款人：　　　　复核：　　　　开票人：玲玲　　　　销货单位：（章）

图 10 - 49　业务 21 原始单据 1

图 10-50　业务 21 原始单据 2

交通银行信汇凭证 (回单)

委托日期 201×年 01 月 15 日

汇款人	全　称	鹏程电子股份有限公司	收款人	全　称	温州天河油漆厂
	账　号	52-01234567		账　号	82-10724693
	汇出地点	福建省 福州市/县		汇入地点	浙江省　温州市/县
	汇出行名称			汇入行名称	

金额	民币（大写）壹角贰分壹万亿		亿	千	百	十	万	千	百	十	元	角	分
								¥	5	8	5	0	0

支付密码

附加信息及用途：
支付购料款

汇出行签章

交通银行福州市仓山支行
201X.01.15
转讫

此联汇出行给汇款人的回单

图 10-51　业务 21 原始单据 3

入 库 单

201X 年 01 月 16 日

单号 1401002

交来单位及部门	温州天河油漆厂	发票号码或生产单号码	60972952		验收仓库	材料仓库		入库日期	210X年01月16日	会计联
编号	名称及规格	单位	数量		实际价格		计划价格		价格差异	
			交库	实收	单价	金额	单价	金额		
09-02	油漆	桶	5	5	100	500	105.00	525.00	-25	
	合计					¥500.00		¥525.00	¥-25	

部门经理:　　　　会计:李明　　　　仓库:　　　　经办人:周韬

图 10-52 业务 22 原始单据

福建省增值税专用发票

1100082140　　　　　　　NO 60972952

此联不做报销、抵扣凭证使用　　　　开票日期: 201×年01月16日

购货单位	名　　称:厦门天虹商场 纳税人识别号:123581321345588 地址、电话:厦门胡前北区嘉陵路23号 开户行及账号:中行厦门支行55-48900135					密码区	*-*5436*6+76>22126690 /073-68-<9-/+5172599 8796>2017<226<-13--8/ 77>+79*<*76479+9<>>//		加密版本:01 1100082140 60972952	第一联:记账联销货方记账凭证
货物或应税劳务名称	规格型号	单位	数量	单价	金额		税率	税额		
情光电视		台	100	5000.00	500000.00		17%	85000.00		
合　　计					¥500000.00			¥85000.00		
价税合计（大写）	伍拾捌万伍仟元整							¥585000.00		
销货单位	名　　称:鹏程电子股份有限公司 纳税人识别号:553274041023759 地址、电话:福州市仓山区科华中路555号 开户行及账号:交行福州分行仓山区支行 52-01234567				备注	鹏程电子股份有限公司 000327451 发票专用章				

收款人:　　　　复刻:　　　　开票人:李明　　　　销货单位: (章)

图 10-53 业务 23 原始单据 1

送货单

201×年01月16日　　　　　　　单号:2201504

客户:厦门天虹商场

发出仓库:产成品仓库

编号	名称及规格	单位	数量	单价	税率	金额
cp002	情光电视	台	100.00	5000.00	17%	585000.00
合计						¥585000.00

部门经理:　　　　会计:李明　　　　仓库:　　　　经办人:江心

图 10-54 业务 23 原始单据 2

国税函【2008】562号海南华森实业公司

大地数码城代销清单

201X 年 01 月 16 日 单位:元

品名	计量单位	数量	不含税单价	金额	增值税额	合计
电路板	个	100	1200	120000.00	20400.00	140400.00
主板	片	50	900	45000.00	7650.00	52650.00
外壳	个	150	380	57000.00	9690.00	66690.00
合计				￥222000.00	￥37740.00	￥259740.00
说明	合同约定为视同买断方式成本结转放在月末					

图 10－55　业务 24 原始单据 1

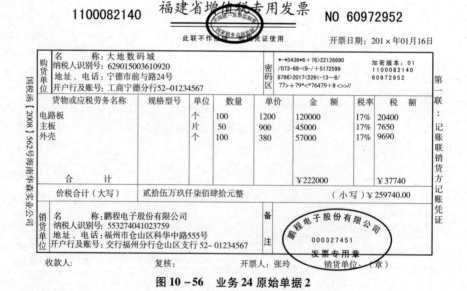

图 10－56　业务 24 原始单据 2

银行承兑汇票

2　$\dfrac{\text{GE}}{02}$ 68791083

出票日期 贰零壹X年　零壹月　壹拾陆日
（大写）

出票人全称	大地数码城	收款人	全　称	鹏程电子股份有限公司
出票人账号	52-01234567		账　号	52-01234567
付款行全称	工商宁德分行		开户银行	交行福州分行仓山区支行

出票金额	人民币 （大写）	壹拾万元整				亿	千	百	十	万	千	百	十	元	角	分
								¥	1	0	0	0	0	0	0	0

汇票到期日 （大写）	贰零壹X年零陆月壹拾陆日	付款行	行号 55555
承兑协议编号			地址 宁德市前与路50号

本汇票请你行承兑，到期无条件付款。

本汇票已经承兑，到期日由本行付款

出票人签章

承兑行签章

承兑日期 21○X年 01月 16日

备注：

图 10-57　业务24 原始单据3

1100082140　福建省增值税专用发票　NO 60972952

发票联

开票日期：201×年01月16日

购货单位	名　称：鹏程电子股份有限公司 纳税人识别号：5532740410237 59 地　址、电话：福州市仓山区科华中路555号 开户行及账号：交行福州分行仓山区支行 52-01234567	密码区	*-`*5436*6+76>22126690 /073-68-<9-/+5172599 8796>2017<226<-13--8/ 77>+79*<*76479+9<>//	加密版本：01 1100082140 60972952

货物或应税劳务名称	规格型号	单位	数量	单价	金　额	税率	税　额
橡胶质感材料		千克	500	120	60000	17%	10200
合成橡胶		千克	400	90	36000	17%	6120
合　　计					¥96000.00		¥16320.00

价税合计（大写）	壹拾壹万贰仟叁佰贰拾元整		(小写) ¥112320.00

销货单位	名　称：广州橡胶厂 纳税人识别号：203804610710892 地　址、电话：广州市白云山珠海路36号 开户行及账号：农行白云支行96-60245871	备注

收款人：　　　　复核：　　　　开票人：高为　　　　销货单位：（章）

图 10-58　业务25 原始单据1

福建省增值税专用发票   NO 60972952

1100082140

发票联

开票日期：201×年01月16日

名 称：鹏程电子股份有限公司							
纳税人识别号：5532740410237 59					密码区		加密版本：01 1100082140 60972952
地址、电话：福州市仓山区科华中路555号						*-*5436*6+76>22126690 /073-68-<9-/+5172599 8796>2017<226<-13-8/ 77>+79*<*76479+9<>>//	
开户行及账号：交行福州分行仓山区支行52-01234567							
货物或应税劳务名称	规格型号	单位	数量	单价	金 额	税率	税 额
橡胶质感材料		千克	500	120	60000	17%	10200
合成橡胶		千克	400	90	36000	17%	6120
合 计					¥96000.00		¥16320.00
价税合计（大写）	壹拾壹万贰仟叁佰贰拾元整				（小写）¥112320.00		
名 称：广州橡胶厂				备注			
纳税人识别号：203804610710892							
地址、电话：广州市白云山珠海路36号							
开户行及账号：农行白云支行96-60245871							

收款人：   复核：   开票人：高为   销货单位：（章）

图 10-59 业务 25 原始单据 2

交通银行信汇凭证(回单)

委托日期210×年01月16日   1

汇款人	全 称	鹏程电子股份有限公司	收款人	全 称	广州橡胶厂
	账 号	52-01234567		账 号	96-60245871
	汇出地点	福建省 福州市/县		汇入地点	广东省 广东市/县
汇出行名称		交行福州分行仓山区支行	汇入行名称		

金额	人民币（大写）贰仟叁佰贰拾元整		亿	千	百	十	万	千	百	十	元	角	分
							¥	2	3	2	0	0	0

支付密码

附加信息及用途：
支付购料款

汇出行签章

图 10-60 业务 25 原始单据 3

银行承兑汇票 2 GE 02 68791083

出票日期 贰零壹 X 年 零壹月 壹拾贰日
（大写）

出票人全称	东南贸易公司		收款人	全 称	鹏程电子股份有限公司
出票人账号	25-96785431			账 号	52-01234567
付款行全称	工行福清分行			开户银行	交行福州分行仓山区支行

出票金额 人民币（大写）	壹拾壹万元整					亿	千	百	十	万	千	百	十	元	角	分
					¥			1	1	0	0	0	0	0	0

汇票到期日（大写）	贰零壹X年零 贰月壹拾贰日	付款行	行号	50300
承兑协议编号	20111872		地址	福清区体育东路六运五街78号

本汇票请你行承兑，到期无条件付款。

出票人签章

本汇票已经承兑，到期由本
行付款

承兑签章
汇票日期 21X年 08月 12日
备注：

上海证券印刷有限公司 · 2005年印刷

此联收款人开户行随托收凭证寄付款行作借方凭证附件

图 10-61 业务 25 原始单据 4（正面）

被背书人 广州橡胶厂	被背书人	被背书人
背书人签章	背书人签章	背书人签章
201X年01月 16日	年 月 日	年 月 日

（贴粘单处）

图 10-62 业务 25 原始单据 4（反面）

入 库 单

201×年01月17日

单号 141003

交来单位及部门	广州橡胶厂	发票号码或生产单号码	60972952			验收仓库	材料库		入库日期	210X-01-17		会
编号	名称及规格	单位	数　量		实际规格		计划价格		价格差异			计
			交库	实收	单价	金额	单价	金额				联
	橡胶质感材料	千克	500	500	120	60000	125	62500	-2500			
	合成橡胶	千克	400	400	90	36000	80	32000	4000			
	合　　计					¥96000.00		¥94500.00	¥1500.00			

部门经理：　　　　　会计：李明　　　　　仓库：　　　　　经办人：周韬

图 10-63　业务 26 原始单据

低值易耗品领用单

201×年01月17日

低值易耗品：工作服

编号：DZ1212001

单位：元

领用部门	用途	计量单位	数量		成本	
			请领	实发	计划单价	总成本
加工车间	一般耗用	套	120	120	100	12000.00
装配车间	一般耗用	套	20	20	100	2000.00
机修车间	一般耗用	套	10	10	100	1000.00
合计			150	150		¥15000.00

主管：　　　　会计：李明　　　记账：　　　保管：　　　发料员：江海平

图 10-64　业务 27 原始单据

购买人：鹏程电子有限公司

证券名称：永乐投资

购买单价：10.00 元/股

购买日期：201X 年 01 月 17 日　　　　成交单号：00024671

数量	单价	金额	手续费	应交税费	应收金额	备注
10000	10.00	100000.00	500.00	300.00	100800.00	长期持有一年以上

图 10-65　业务 28 原始单据 1

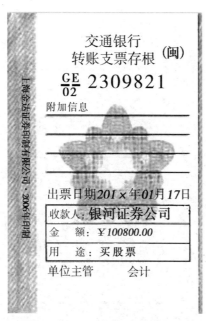

交通银行
转账支票存根 (闽)

GE
02 2309821

附加信息

出票日期201×年01月17日

收款人：银河证券公司

金 额：￥100800.00

用 途：买股票

单位主管 会计

图 10 - 66 业务 28 原始单据 2

北京市工业企业专用发票

发票联

发票代码 123456789012
发票号码 33029018

客户名称：鹏程电子股份有限公司　　　　　支票号：23097141

编号	商品名称及经营项目	规格	单位	数量	单价	金额							
						十	万	千	百	十	元	角	分
	868专利权		项	1	100000.00	1	0	0	0	0	0	0	0
小写金额合计						￥	1	0	0	0	0	0	0

大写金额 壹拾零万零 仟零 佰零 拾零 元零 角零 分

开票单位(盖章)　　　　　　开票人：江玲　　201×年01月18日

二、付款方收执

图 10 - 67 业务 29 原始单据 1

图 10 - 68   业务 29 原始单据 2

差旅费报销单
210X年 01月 19日

所属部门	人事部门		姓名	钟灵		出差天数	自 01月 6日至 01月 19日共 14天		
出事差由	业务进修					借旅支费	日期		金额 ¥0
							结算金额：¥898.00	现金付讫	
出发		到达		起止地点		交通费	住宿费	伙食费	其他
月	日	月	日						
01	6	01	9	福州-厦门		100	420	140	238
合计		零拾零万零仟捌佰玖拾捌元零角零分					¥ 898.00		

总经理：   财务经理：   部门经理：   会计：李明   出纳：王静   报销人：钟灵

图 10 - 69   业务 30 原始单据

社会保险基金专用收款收据　　NO: 0956115

201X 年 01 月 20 日

今收到鹏程电子股份有限公司	交来社会保险费				社会保险基金
人民币大写：拾贰万捌仟伍佰玖拾元叁角整			小写￥128590.30		此据
缴费项目	缴费期限	缴费人数	单位应缴	个人应缴	金额合计
其中：去年12月社会保险费	201X.01.20	200	95090.30	33500.00	128590.30

备注：	收款方式	财务支票

说明：本收款收据适用于社会保险机构征缴社会保险基金的款项，包括单位缴纳的养老保险、医疗保险、失业保险、生育保险等。

收款单位（公章）务专用章 财务主管（章）： 收款人（章）：林天

图 10 - 70　业务 31 原始单据 1

交通银行
转账支票存根 **（闽）**

GE/02 23097141

附加信息

出票日期 201 x 年 01 月 20 日

收款人：福州市社保局

金　额：￥128590.30

用　途：缴纳社保费

单位主管　　　会计

图 10 - 71　业务 31 原始单据 2

住房公积金收款收据

201×年　01月　20日　　　　　　NO 20325501

第三联　缴款单位记账联

缴款单位	鹏程电子股份有限公司	公积金账号	1111111111111	单位性质	企业									
单位人数	200	汇缴	去年12月份	缴款方式	转账支票	千	百	十	万	千	百	十	元	角	分
人民币（大写）	伍万叁仟陆佰壹拾元整							¥	5	3	6	1	0	0	0
住房公积金管理机构盖章★　财务专用章		备注	单位缴纳¥45710.00元；个人缴纳部分¥7900元												

图 10 - 72　业务 32 原始单据 1

交通银行
转账支票存根 **(闽)**

GE/02 23097141

附加信息

出票日期201×年01月20日

收款人：福州市直公积金

金　额：¥53610.00

用　途：缴纳公积金

单位主管　　会计

图 10 - 73　业务 32 原始单据 2

交通银行
转账支票存根 **(闽)**

GE/02 23909821

附加信息

出票日期201×年01月21日

收款人：夏花广告有限公司

金　额：¥25000.00

用　途：广告费

单位主管　　会计

图 10 - 74　业务 33 原始单据 1

[电脑打印　手写无效]

福州市服务业专用发票
INVOICE FOR SERVICE INDUSTRY

发票代码 012345678912
RECEIPT CODE

发票号码 90112201
INVOICE NUMBER

INVOICE

开票日期：201×年01月21日
INVOICE DATE

机打代码 PRINTING CODE		密码区 PASSWORD	
机打号码 PRINTING NUMBER			
机器编号 PRINTING MACHINE NUMBER			

| 付款方名称 NAME OF PAYER | 鹏程电子股份有限公司 | 纳税人识别号 TAXPAY'S ID CODE | 553274041023759 |

项目名称 PROJECT	金　额（元） AMOUNT (RMB)
广告费	25000.00

合计金额（元）（大写）贰万伍仟元整
TOTAL AMOUNT (RMB) IN CHINESE

￥25000.00

| 备注： REMARK: | 开票单位名称 NAME OF INVOICE DRANER | 夏花广告有限公司 |
| | 纳税人识别号 TAXPAY'S ID CODE | 310108420036371 |

(027)4418907867
发票专用章

开票人：华威
INVOICE DRANER

开票单位签章：
SEAL OF INVOICE DRANER

图 10-75　业务 33 原始单据 2

固定资产报废单

201×年01月22日　　　　　　　　凭证编号：14010001

固定资产名称及编号	规格型号	单位	数量	购买日期	已计提折旧月数	原始价值	已提折旧	备　注
仓库 CK-00017		个	1	2002	60	30000.00	15000.00	出售
固定资产状况及报废原因	固定资产闲置，属于不需用固定资产，故出售							
处理意见	使用部门		技术鉴定小组		固定资产管理部门		主管部门审批	
	同意		同意		同意		同意	

审核：赵锦　　　　　　制单：吴昆

图 10-76　业务 34 原始单据

收 款 收 据

NO. 00490021

201×年01月22日

今 收 到 鹏程电子股份有限公司

交 来: 仓库清理费

| 金额（大写） | 零拾 | 零万 | 零仟 | 壹佰 | 零拾 | 零元 | 零角 | 零分 |

¥ 100.00   ☑ 现金   □ 支票   □ 信用卡   □ 其他

核准   会计   记账   出纳：赵明   经手人

第二联 交对方

图 10－77　业务 35 原始单据

收 款 收 据

NO. 00490021

201×年01月22日

今 收 到 弘光公司

交 来 购仓库款

| 金额（大写） | 零拾 | 贰万 | 伍仟 | 零佰 | 零拾 | 零元 | 零角 | 零分 |

¥ 25000.00   □ 现金   ☑ 支票   □ 信用卡   □ 其他

核准   会计   记账   出纳：赵明   经手人

第二联 交对方

图 10－78　业务 36 原始单据 1

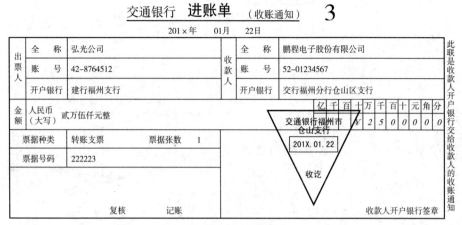

交通银行 进账单 （收账通知） **3**

201×年 01月 22日

出票人	全 称	弘光公司	收款人	全 称	鹏程电子股份有限公司
	账 号	42-8764512		账 号	52-01234567
	开户银行	建行福州支行		开户银行	交行福州分行仓山区支行

金额	人民币 （大写）	贰万伍仟元整		亿	千	百	十	万	千	百	十	元	角	分
							￥	2	5	0	0	0	0	0

票据种类	转账支票	票据张数	1
票据号码	222223		

交通银行福州市仓山支行
201X.01.22
收讫

复核　记账

收款人开户银行签章

此联是收款人开户银行交给收款人的收账通知

图 10-79 业务 36 原始单据 2

固定资产营业税计算表

201×年01月22日 单位：元

税种	营业税
计税依据	250000.00
税率	5%
税额	1250.00
	复核：王星

鹏程电子股份有限公司 财务专用章

图 10-80 业务 36 原始单据 3

固定资产出售净损益表

单位：元

日期	名称	原值	已提折旧	清理收入	营业税	清理费用	清理净损益	备注
201×-01-22	仓库	30000	15000	25000	1250	100	8650	

图 10-81 业务 36 原始单据 4

企业会计综合实训

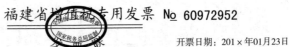

1100082140　福建省增值税专用发票　№ 60972952

开票日期：201×年01月23日

购货单位	名　　称：鹏程电子股份有限公司 纳税人识别号：553274041023759 地址、电话：福州市仓山区科华中路555号 开户行及账号：交行福州分行仓山区支行52-01234567				密码区	*-*5436*6+76>22126690 /073-68-<9-/+5172599 8796>2017<226<-13-8/ 77>+79*<*76479+9<>//		加密版本：01 1100082140 60972952
货物或应税劳务名称	规格型号	单位	数量	单价	金　额		税率	税　额
LED屏		块	400	60.00	24000.00		17%	4080.00
BB材料		块	500	80.00	40000.00		17%	6800.00
合　　计					64000.00			10880.00
价税合计（大写）	柒万肆仟捌佰捌拾元整							￥74880.00
销货单位	名　　称：泉州孔明电子公司 纳税人识别号：674304610790258 地址、电话：泉州市温陵南路40号 开户行及账号：交行泉州支行				备注			泉州孔明电子公司 070927104 发票专用章

收款人：　　　复核：　　　开票人：王明　　　销货单位：（章）

图 10-82　业务 37 原始单据 1

福建省增值税专用发票　№ 60972952

1100082140

开票日期：201×年01月23日

购货单位	名　　称：鹏程电子股份有限公司 纳税人识别号：553274041023759 地址、电话：福州市仓山区科华中路555号 开户行及账号：交行福州分行仓山区支行52-01234567				密码区	*-*5436*6+76>22126690 /073-68-<9-/+5172599 8796>2017<226<-13--8/ 77>+79*<*76479+9<>//		加密版本：01 1100082140 60972952
货物或应税劳务名称	规格型号	单位	数量	单价	金　额		税率	税　额
LED屏		块	400	60.00	24000.00		17%	4080.00
BB材料		块	500	80.00	40000.00		17%	6800.00
合　　计					64000.00			10880.00
价税合计（大写）	柒万肆仟捌佰捌拾元整							￥74880.00
销货单位	名　　称：广州孔明电子公司 纳税人识别号：674306610790258 地址、电话：广州市中山路40号 开户行及账号：农行广州分行中山支行				备注			泉州孔明电子公司 070927104 发票专用章

收款人：　　　复核：　　　开票人：王明　　　销货单位：（章）

图 10-83　业务 37 原始单据 2

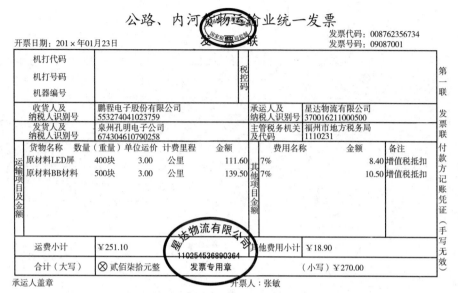

公路、内河货物运输业统一发票

发票联

开票日期：201×年01月23日

发票代码：008762356734
发票号码：09087001

机打代码		税控码				第一联
机打号码						
机器编号						发票联
收货人及纳税人识别号	鹏程电子股份有限公司 553274041023759	承运人及纳税人识别号	星达物流有限公司 370016211000500			付款方记账凭证（手写无效）
发货人及纳税人识别号	泉州孔明电子公司 674304610790258	主管税务机关及代码	福州市地方税务局 1110231			
运输项目及金额	货物名称　数量（重量）单位运价　计费里程　　金额 原材料LED屏　400块　3.00　公里　　111.60 原材料BB材料　500块　3.00　公里　　139.50	其他项目及金额	费用名称　　　金额 7% 7%	备注 8.40　增值税抵扣 10.50　增值税抵扣		
	运费小计　　¥251.10		其他费用小计　¥18.90			
合计（大写）　⊗贰佰柒拾元整		发票专用章		（小写）¥270.00		

承运人盖章　　　　　　　　　　　　　　　　开票人：张敏

图 10-84　业务 37 原始单据 3

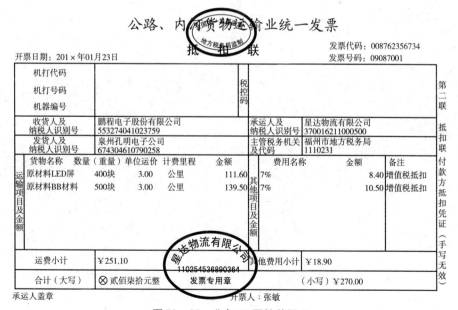

公路、内河货物运输业统一发票

抵扣联

开票日期：201×年01月23日

发票代码：008762356734
发票号码：09087001

机打代码		税控码				第二联
机打号码						
机器编号						抵扣联
收货人及纳税人识别号	鹏程电子股份有限公司 553274041023759	承运人及纳税人识别号	星达物流有限公司 370016211000500			付款方抵扣凭证（手写无效）
发货人及纳税人识别号	泉州孔明电子公司 674304610790258	主管税务机关及代码	福州市地方税务局 1110231			
运输项目及金额	货物名称　数量（重量）单位运价　计费里程　　金额 原材料LED屏　400块　3.00　公里　　111.60 原材料BB材料　500块　3.00　公里　　139.50	其他项目及金额	费用名称　　　金额 7% 7%	备注 8.40　增值税抵扣 10.50　增值税抵扣		
	运费小计　　¥251.10		其他费用小计　¥18.90			
合计（大写）　⊗贰佰柒拾元整		发票专用章		（小写）¥270.00		

承运人盖章　　　　　　　　　　　　　　　　开票人：张敏

图 10-85　业务 37 原始单据 4

交通银行信汇凭证（回单）

1

委托日期201×年01月23日

汇款人	全　称	鹏程电子股份有限公司泉州采购		收款人	全　称	泉州孔明电子公司
	账　号	55-08327760			账　号	557-6667855
	汇出地点	福建省　　泉州市/县			汇入地点	福建省　　泉州市/县
	汇出行名称	交行泉州支行			汇入行名称	交行泉州支行

金额	人民币（大写）	柒万伍仟壹佰元整	亿	千	百	十	万	千	百	十	元	角	分
							7	5	1	5	0	0	0	0

交通银行福州市
仓山支行
201X. 01. 23
转讫

支付密码

附加信息及用途
支付购料款

汇出行签章

此联汇出行给汇款人的回单

图 10－86　业务 37 原始单据 5

入 库 单

201×年01月23日

单号 14010014

交来单位及部门	攀枝花钢铁厂		发票号码或生产单号码	60972952		验收仓库	材料		入库日期	201X-01-23	
编号	名称及规格		单位	数　量		实际价格		计划价格		价格差异	
				交库	实收	单价	金额	单价	金额		
	LED屏		块	400	400	60.2790	24111.60	59.50	23800.00	311.60	
	BB材料		块	500	500	80.2790	40139.50	80.80	40400.00	-260.50	
	合　　计						￥64251.10		￥64200.00	51.10	

会计联

部门经理：　　　　　　会计：李明　　　　　仓库：　　　　　　经办人：周可

图 10－87　业务 38 原始单据

贴 现 凭 证 (收款通知) ④

填写日期			201×年 01月 24日		第 070001 号				

贴现汇票	种　　类	商业承兑汇票	号码 362028	申请人	名　　称	鹏程电子股份有限公司	
	出票日	201×年	11月 24日		账　　号	52-01234567	
	到期日	201×年	2月 24日		开户银行	交行福州分行仓山区支行	

汇票人承兑（或银行）	名称	鸿业公司	账号	23-10254678	开户银行	交通银行仓山支行

汇票金额（贴现金额）	人民币（大写）	叁万元整	交通银行福州市仓山支行 201X.01.24 收讫	千百十万千百十元角分 ￥3 0 0 0 0 0 0

贴现率 每月	0.67‰	贴现利息	千百十万千百十元角分 ￥4 0 0 0 0	实付贴现金额	千百十万千百十元角分 ￥2 9 6 0 0 0 0

上述款项已入你单位账号。

此致
贴现申请人

赵印锦

备注：

银行盖章

图 10-88 业务 39 原始单据

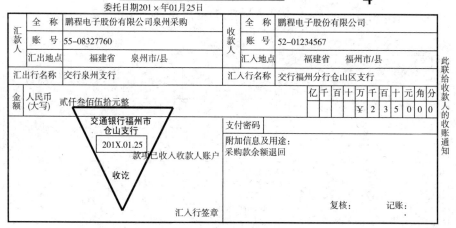

图 10-89 业务 40 原始单据

送货单

201×年01月25日　　　　　单号:2201505

客户:远大热水器厂

发出仓库:产成品仓库

编号	名称及规格	单位	数量	单价	税率	金额
cp004	青光电视	台	6.00	5000.00	17%	35100.00
合计						￥35100.00

部门经理:　　　　会计:李明　　仓库:　　经办人:江心

图 10-90　业务 41 原始单据 1

固定资产验收单

201×年　01月　25日　　　　　编号:140120002

名称	规格型号	来源	数量	购(造)价	使用年限	预计残值
热水器		产品交换	10	30000.00	5	0
安装费	月折旧率	建造单位		交工日期		附件
0	5%			201X年01月25日		
验收部门	加工车间	验收人员	王天	管理部门		管理人员
备注	以电视进行产品交换,热水器供加工车间使用					

　　　　　　　　　　　　　　审核:赵锦　　　　制单:王海

图 10-91　业务 41 原始单据 2

1100082140　　　福建省增值税专用发票　NO 60972952

开票日期:201×年01月25日

购货单位	名　　称:	鹏程电子股份有限公司		密码区	*-*5436*6+76>12126690/073-68-<9-/+5472599 8796>2017<226<-13-8/77>+79*<*76479+9<>//	加密版本:01 1100082140 60972952
	纳税人识别号:	553274041023759				
	地址、电话:	福州市仓山区科华中路555号				
	开户行及账号:	交行福州分行仓山区支行52-01234567				

货物或应税劳务名称	规格型号	单位	数量	单位	金额	税率	税额
热水器		台	10	3000.00	30000.00	17%	5100.00
合　　计					￥30000.00		￥5100.00

价税合计(大写)	叁万伍仟壹佰元整		(小写) ￥35100.00

销货单位	名　　称:	远大热水器厂	备注	远大热水器 5203646 发票专用章
	纳税人识别号:	35222619781111		
	地址、电话:	福州市台江区大道666号		
	开户行及账号:	工行台江区支行77210		

收款人:　　　　复核:　　　　　开票人:张玲　　　　销售单位:(章)

第二联:抵扣联 购货方扣税凭证

国税函[2008]562号海南华森实业公司

图 10-92　业务 41 原始单据 3

1100082140

福建省增值税专用发票 №60972952

抵扣联 （抵 扣 联）

开票日期：201×年01月25日

购货单位	名　称：	鹏程电子股份有限公司						密码区	*-*5436*6+76>1216690 /073-68-<9-/+5172599 8796>2017<226<-13-8/ 77>+79*<*76479+9>>//		加密版本：01 1100082140 60972952
	纳税人识别号：	553274041023759									
	地址、电话：	福州市仓山区科华中路555号									
	开户行及账号：	交行福州分行仓山区支行52-01234567									

货物或应税劳务名称	规格型号	单位	数量	单价	金　额	税率	税　额
热水器		台	10	3000.00	30000.00	17%	5100.00
合　　计					￥30000.00		￥5100.00

价税合计（大写）	叁万伍仟壹佰元整		（小写）￥35100.00

销货单位	名　称：	远大热水器厂	备注	远大热水器厂 5203646 发票专用章
	纳税人识别号：	35222619781111		
	地址、电话：	福州市台江区大道666号		
	开户行及账号：	工行台江区支行77210		

收款人：　　　　复核：　　　　开票人：张玲　　　　销售单位：（章）

第三联：发票联购货方记账凭证

国税局[2008]562号海南华森实业公司

图 10-93 业务41 原始单据4

1100082140

福建省增值税专用发票 №60972952

此联不作（国家税务总局）凭证使用

开票日期：201×年01月25日

购货单位	名　称：	远大热水器厂						密码区	*-*5436*6+76>22126690 /073-68-<9-/+5172599 8796>2017-226<-13-8/ 77>+79*/*76479+9>>//		加密版本：01 110082140 60972952
	纳税人识别号：	3522261978111									
	地址、电话：	福州市台江区大道666号									
	开户行及账号：	工行台江区支行77210									

货物或应税劳务名称	规格型号	单位	数量	单价	金　额	税率	税　额
青光电视		台	6	5000	30000.00	17%	5100.00
合　　计					￥30000.00		￥5100.00

价税合计（大写）	叁万伍仟壹佰元整		（大写）￥35100.00

销货单位	名　称：	鹏程电子股份有限公司	备注	鹏程电子股份有限公司 000327451 发票专用章
	纳税人识别号：	553274041023759		
	地址、电话：	福州市仓山区科华中路555号		
	开户行及账号：	交行福州分行仓山区支行52-01234567		

收款人：　　　　复核：　　　　开票人：江别　　　　销货单位：（章）

第一联：记账联销货方记账凭证

国税局[2008]562号海南华森实业公司

图 10-94 业务41 原始单据5

委托代理送货单

201×年01月26日   单号:2220001

客户:天润世纪商城

代理销售方式:收取手续费方式

发出仓库:自制品仓库

单位:元

编号	名称及规格	单位	数量	单价	金额
zz002	电路板	个	25	900.00	22500.00
zz001	主板	片	50	600.00	30000.00
zz005	纯平显示屏	台	40	1100.00	44000.00
zz003	液晶显示屏	台	15	1800.00	27000.00
合计					￥123500.00

部门经理: 会计:李明   仓库: 经办人:江心

图 10-95 业务 42 原始单据

图 10-96 业务 43 原始单据 1

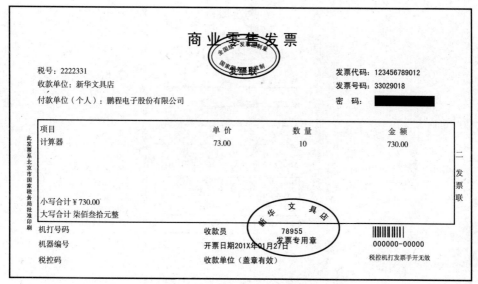

图 10 - 97 业务 43 原始单据 2

办公用品领用单

日期	领用单位	领用明细		
		金额	经手人	备注
201X-01-27	加工车间	350.00	辽平	
201X-01-27	装配车间	50.00	王明	
201X-01-27	机修车间	50.00	合阳	
201X-01-27	管理部门	280.00	王空	

图 10 - 98 业务 43 原始单据 3

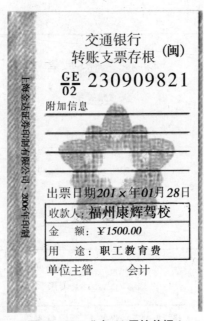

图 10 - 99 业务 44 原始单据 1

<u>收　款　收　据</u>　　　　　　　　NO. 00490021
201X年01月28日

今　收　到　鹏程电子股份有限公司

交来：职工教育费

金额（大写）	零拾	零万	壹仟	伍佰	零拾	零元	零角	零分

¥ 1500.00　　□ 现金　☑ 支票　□ 信用卡　□ 其他

核准　　　合计　　　记账　　出纳：张网　经手人

第二联交对方

图 10 - 100 业务 44 原始单据 2

图 10 - 101　业务 45 原始单据 1

图 10 - 102　业务 45 原始单据 2

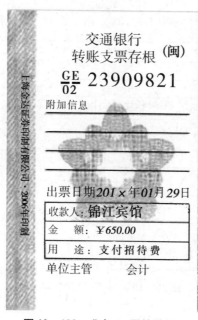

图 10 - 103　业务 46 原始单据 1

福州市服务业统一发票

发票联

日期：201×年01月29日
客户：鹏程电子股份有限公司

发票代码 235020870011
发票号码 71982063

经营项目	单位	数量	单价	金额							备注
				万	千	百	十	元	角	分	
餐饮费	次	1	650.00	￥	6	5	0	0	0		
			发票专用章 123345								
				￥	6	5	0	0	0		
合计人民币（大写）	零万 零仟 陆佰 伍拾 零元 零角 零分										

收款单位（发票专用章）：　　　财务：　　　　　填票：　　　　　收款：王伟

第二联：发票联

图 10－104　业务 46 原始单据 2

托收凭证 (付款通知)

5

委托日期 201×年01月31日　　　　付款期限　201X年　01月31日

业务类型		委托收款（□ 邮划、☑电划）　托收承付（□ 邮划；□电划）						
付款人	全称	鹏程电子股份公司	收款人	全 称	福州市电信局			
	账号	52-01234567		账 号	71-32145608			
	地址	福建省 福州 市县 开户行 交行福州分行仓山区支行		地 址	福建省 福州 市县 开户行 农行仓山支行			

金额 人民币（大写）	肆佰元整		亿	千	百	十	万	千	百	十	元	角	分
							￥	4	0	0	0	0	

款项内容	支付电话费	托付凭据名 称		附寄单证张数	
商品发运情况		交通银行福州市 仓山支行 201X.01.31 转讫	合同名称号码	00382810021	
备注：					

付款人开户银行收到日期
　　年　月　日
复核　　记账

付款人开户银行签章
201X年　01月31日

付款人注意：
1. 根据支付结算办法，上列委托收款（托收承付）款项在付款期限内未提出拒付，即视为同意付款，以此代付款通知。
2. 如需提出全部或部分拒付，应在规定期限内，将拒付理由书并附债务证明退交开户银行。

(2005) 10×17.5公分 交15角直印刷 01512-650111866

此联付款人开户银行给付款人按期付款通知

图 10－105　业务 47 原始单据 1

福建省电话费专用发票

发票联

全国统一发票监制章
地方税务局监制

地字　　No.0071365

发票号：　　　开票日期：２０１×年０１月３１日

②客户收执

编号	002		应交月份	01月	收款方式	委托收款
姓名	鹏程电子股份有限公司				收款员	黎明
农话费		代维费		市话费	150.00	
月租费		信息费		寻呼费		
城建费		长话费		数据费	250.00	
附加费		电话费		其他费		
金额（大写）		肆佰元整		￥400.00	结算方式	银行转账

图 10－106　业务 47 原始单据 2

贷款利息扣款凭证

户名：鹏程电子股份有限公司　　　　201×年01月31日　　　　账号：52-01234567

起息日	结息日	天数	积　数										利率	利　息									
			千	百	十	万	千	百	十	元	角	分		千	百	十	万	千	百	十	元	角	分
201×.11.1	201×.11.30			5	8	8	2	3	5	3	0	0	0.765%					1	5	0	0	0	0
本　金												利息合计					￥	1	5	0	0	0	0
本息合计	壹仟伍佰元整																						

第三联 回单联

（银行盖章）借款利息已转出

图 10－107　业务 48 原始单据 1

短期借款利息费用分配表

201×年01月31日

单位:元

计息期	利息额	备注
去年11月借款利息	500.00	已预提
去年12月借款利息	500.00	已预提
本月借款利息	500.00	
合计(小写)	¥1500.00	
人民币(大写)	壹仟伍佰元整	

审核:李明　　　　　　　　制单:王静

图 10 - 108　业务 48 原始单据 2

报刊费分摊表

201×年01月31日

单位:元

项目	本年度管理部门报刊费总额	摊销次数	1月应摊销额
金额	4800.00	12	400.00

审核:王星　　　　　　　　制表:李明

图 10 - 109　业务 49 原始单据

无形资产摊销表

201×年01月31日

单位:元

项目	总费用	已摊销金额	本月应摊销额
专有技术			50000.00

审核:王星　　　　　　　　制表:李明

图 10 - 110　业务 50 原始单据

存货盘点报告表

201×年01月31日

单位:元

| 存货类别 | 存货名称 | 计量单位 | 数量 | | | 盘盈 | | | | |
			账存	实存	数量	计划单价	实际单价	计划成本	实际成本	差异
原材料	包装箱	个	100	105	5	101.00	106.0410	505.00	530.21	25.21
原材料	LED屏	块	2080	2090	10	59.50	60.2790	595.00	602.79	7.79
合计								1100.00	1133.00	33.00

主管: 会计:李明 记账: 保管: 发料员:江海平

图 10-111 业务51 原始单据1

入 库 单

201×年01月31日

单号 14011005

交来单位及部门	生产管理部		发票号码或生产单号码		材料盘盈入库	验收仓库		原材料仓库		入库日期	201×-01-30
编号	名称及规格		单位	数量		实际价格		计划价格		价格差异	
				交库	实收	单价	金额	单价	金额		
	包装箱		个	5	5	106.0410	530.21	101.00	505.00	25.21	
	LED屏		块	10	10	60.2790	602.79	59.50	595.00	7.79	
合 计							¥1133.00		¥1100.00	¥33.00	

部门经理: 会计:李明 仓库:王天 经办人:赵信

图 10-112 业务51 原始单据2

固定资产盘盈盘亏报告表

201×年01月31日

单位:元

| 固定资产编号 | 固定资产名称 | 盘盈 | | | | 盘亏 | | | |
		数量	原价	估计折旧额	估计净值	数量	原价	已提折旧额	已提减值准备	净值
SH1007	设备机床					1	3000	15000	0	15000
合 计							¥30000.00	¥15000.00	¥0.00	¥15000.00
差异原因		管理不善								
资产管理部门建议处理意见										
单位主管部门批复处理意见										

单位主管:赵锦 财务经理:王星 资产管理部门:李中 制单:李明

图 10-113 业务52 原始单据

关于年终存货盘盈的处理意见

我公司的存货盘盈情况，经研究决定作出如下处理意见：盘盈的存货可冲减管理费用。

鹏程电子股份有限公司董事会

201×年01月31日

图 10－114　业务 53 原始单据

关于年终固定资产盘亏的处理意见

我公司的固定资产盘亏情况，经研究决定作出如下处理意见：盘亏的固定资产作为营业外支出。

鹏程电子股份有限公司董事会

201×年01月31日

图 10－115　业务 54 原始单据

原材料入库汇总表

201×年 01 月 31 日　　　　　　　　　　　　　　单位:元

入库单号	入库日期		原材料名称	数量	单位成本		总成本		差异额
	月	日			计划	实际	计划	实际	
合计									

会计主管:王星　　　　　财务科长:江景　　　　　制单:李明

图 10－116　业务 55 原始单据 1

材料成本差异率表

201×年01月31日　　　　　　　　　　　　　　　　　单位:元

材料类别	期初材料差异	本期入库材料差异	差异合计	期初材料计划成本(不含自制品)	本期入库材料计划成本(不含自制品)	计划成本合计	材料成本差异率
全部外购原材料							
备注	材料成本差异率=(期初材料成本差异+当月入库成本差异)/(期初原材料计划成本+当月入库材料计划成本)×100%						

会计主管:王星　　　　　财务科长:江景　　　　　制单:李明

图 10－117　业务 55 原始单据 2

发出材料成本差异计算表

201×年01月31日　　　　　　　　　　　　　　　　　单位:元

原材料差异分摊去向		本月发出原材料计划成本	原材料成本差异率	本月发出原材料应负担的成本差异
加工车间	主板			
	电路板			
	液晶显示屏			
	纯平显示屏			
	外壳			
	一般耗用			
装配车间(不含领用的自制品)	紫光电视			
	青光电视			
	情光电视			
	彩光电视			
	一般耗用			
机修车间				
公司管理部门				
合计				

会计主管:王星　　　　　财务科长:江景　　　　　制单:李明

图 10－118　业务 55 原始单据 3

1 月工资结算汇总表

201×年 1 月 31 日   单位:元

部门		应发工资			个人代扣项目			实发
		基本工资	岗位工资	应发小计	社保	公积金	个人所得税	
加工车间	生产人员	120000	78000	198000	14500	3000	2500	178000
	管理人员	6000	5400	11400	1050	300	400	9650
装配车间	生产人员	25000	19950	44950	4500	1000	500	38950
	管理人员	1500	1650	3150	300	100	100	2650
机修车间		6000	6250	12250	1150	500	300	10300
管理部门		105000	82350	187350	12000	3000	1000	171350
合计		¥457100.00			¥33500.00	¥7900.00	¥4800.00	¥410900.00

部门主管: 会计:李明   制单:王琴

图 10 – 119   业务 56 原始单据 1

1 月加工车间生产工人工资分配表

201×年 01 月 31 日   单位:元

自制品名称	生产工人工资总额	分配标准(工时)	分配率(保留 4 位数)	分配额
主板				
电路板				
液晶显示屏				
纯平显示屏				
外壳				
合计				

会计主管:王星   财务科长:江景   制单:李明

图 10 – 120   业务 56 原始单据 2

1 月装配车间生产工人工资分配表

201×年 01 月 31 日　　　　　　　　　　　　单位:元

产成品名称	生产工人工资总额	分配标准（工时）	分配率（保留 4 位数）	分配额
紫光电视				
青光电视				
情光电视				
彩光电视				
合计				

会计主管:王星　　　　　财务科长:江景　　　　制单:李明

图 10－121　业务 56 原始单据 3

1 月工资费用分配总表

201×年 1 月 31 日　　　　　　　　　　　单位:元

应借账户	部门	产品	应分配工资额
生产成本	加工车间	主板	
		电路板	
		液晶显示屏	
		纯平显示屏	
		外壳	
	装配车间	紫光电视	
		青光电视	
		情光电视	
		彩光电视	
	机修车间		
制造费用	加工车间		
	装配车间		
管理费用			
合计			

会计主管:王星　　　　　财务科长:江景　　　　　制单:李明

图 10－122　业务 56 原始单据 4

1月社保和公积金计算表

201×年01月31日 单位:元

1月计提项目	计提基数(元)	计提率(%)	计提金额
养老保险金(企业承担)	本月工资总额457100	8	36568.00
医疗保险金(企业承担)	本月工资总额457100	10	45710.00
失业保险金(企业承担)	上年月平均工资458000	1.5	6870.00
工伤保险金(企业承担)	本月工资总额457100	0.5	2285.50
生育保险金(企业承担)	本月工资总额457100	0.8	3656.80
公积金(企业承担)	本月工资总额457100	10	45710.00
合计			140800.30

图 10-123 业务 57 原始单据

1月福利费、工会经费和职工教育经费提取表

201×年1月31日 单位:元

应借账户	分配去向		计提基数(仅按应付职工薪酬中的工资部分为基数)	各项计提费用			小计
				应付福利费(计提基数的14%)	工会经费(计提基数的2%)	职工教育经费(计提基数的1.5%)	
生产成本	加工车间	主板					
		电路板					
		液晶显示屏					
		纯平显示屏					
		外壳					
		紫光电视					
	装配车间	青光电视					
		情光电视					
		彩光电视					
	机修车间						
制造费用	加工车间						
	装配车间						
管理费用							
合计							

会计主管:王星　　　　　　　　财务科长:江景　　　　　　　　制单:李明

图 10-124 业务 58 原始单据

1 月固定资产折旧计提表

201×年1月31日 单位:元

使用部门	本月固定资产折旧额					合计
	生产线	建筑	设备	仓库	热水器	
加工车间	99374.80		71600.00	2200.00	200.00	173374.80
装配车间	10000.00		1000.00			11000.00
机修车间			10523.75			10523.75
公司管理部门		15900.00				15900.00
合计	¥109374.80	¥15900.00	¥83123.75	¥2200.00	¥200.00	¥210798.55

会计主管:王星 财务科长:江景 制单:李明

图 10 – 125 业务 59 原始单据

1 月机修车间辅助生产费用分配表

201×年1月31日 单位:元

受益部门	生产工时	分配总额	分配率(小数点保留 4 位,四舍五入)	应分配费用(小数点保留 2 位,四舍五入)	备注
加工车间					应分配费用尾差由"公司管理部门"最后一个项目承担
装配车间					
公司管理部门					
合计					

会计主管:王星 财务科长:江景 制单:李明

图 10 – 126 业务 60 原始单据

1 月加工车间制造费用分配表

201×年1月31日 单位:元

产品名称	生产工时	分配总额	分配率(小数点保留 4 位,四舍五入)	应分配费用(小数点保留 2 位,四舍五入)	备注
主板					若有尾差,由最后一个项目"液晶显示屏"承担
电路板					
液晶显示屏					
纯平显示屏					
外壳					
合计					

会计主管:王星 财务科长:江景 制单:李明

图 10 – 127 业务 61 原始单据 1

1月装配车间制造费用分配表

201×年1月31日   单位:元

产品名称	生产工时	分配总额	分配率(小数点保留4位,四舍五入)	应分配费用(小数点保留2位,四舍五入)	备注
紫光电视					若有尾差,由最后一个项目"彩光电视"承担
青光电视					
情光电视					
彩光电视					
合计					

会计主管:王星   财务科长:江景   制单:李明

图10-128 业务61原始单据2

1月加工车间产品成本计算表

201×年01月31日   单位:元

产品名称:主板   完工自制品:900片   月末在产品:100片

成本项目		直接材料	直接人工	制造费用	合计
月初在产品成本					
本月生产费用					
完工自制品成本	总成本				
	单位成本				
月末在产品成本					

会计主管:王星   财务科长:江景   制单:李明

图10-129 业务62原始单据1

1月加工车间产品成本计算表

201×年01月31日   单位:元

产品名称:电路板   完工自制品:1000个   月末在产品:500个

成本项目		直接材料	直接人工	制造费用	合计
月初在产品成本					
本月生产费用					
完工自制品成本	总成本				
	单位成本				
月末在产品成本					

会计主管:王星   财务科长:江景   制单:李明

图10-130 业务62原始单据2

1月加工车间产品成本计算表

201×年01月31日　　　　　　　　　　　单位:元

产品名称:液晶显示屏　　　完工自制品:200 台　　　月末在产品:10 台

成本项目		直接材料	直接人工	制造费用	合计
月初在产品成本					
本月生产费用					
完工自制品成本	总成本				
	单位成本				
月末在产品成本					

会计主管:王星　　　　　财务科长:江景　　　　　制单:李明

图 10 − 131　业务 62 原始单据 3

1月自制品入库汇总表

201×年01月31日　　　　　　　　　　单位:元

移交单位:加工车间　　　　　入库仓库:自制品仓库

自制品名称	计量单位	交付数量	实收数量	单位成本	总成本
主板	片				
电路板	个				
液晶显示屏	台				
纯平显示屏	台				
外壳	个				
合计					

会计主管:王星　　　　　财务科长:江景　　　　　制单:李明

图 10 − 132　业务 62 原始单据 4

1月装配车间产品成本计算表

201×年01月31日　　　　　　　　　　　　单位:元

产品名称:彩光电视　　　　　完工产品:100 台　　　　月末在产品:5 台

成本项目		直接材料	直接人工	制造费用	合计
月初在产品成本					
本月生产费用					
完工自制品成本	总成本				
	单位成本				
月末在产品成本					

会计主管:王星　　　　　财务科长:江景　　　　　制单:李明

图 10 − 133　业务 63 原始单据 1

1 月产成品入库汇总表

201×年 01 月 31 日 单位:元

移交单位:装配车间 入库仓库:产成品仓库

产成品名称	计量单位	交付数量	实收数量	单位成本	总成本
紫光电视	台				
青光电视	台				
情光电视	台				
彩光电视	台				
合计					

会计主管:王星　　　　　　　　　财务科长:江景　　　　　　制单:李明

图 10－134　业务 63 原始单据 2

1 月自制品销售成本计算表

201×年 01 月 31 日 单位:元

销售日期	销售产品名称	计量单位	直接销售成本(个别计价法)			代理销售成本(个别计价法)		
			数量	单位成本	总成本	数量	单位成本	总成本
	合计							

会计主管:王星　　　　　　　　　财务科长:江景　　　　　　制单:李明

图 10－135　业务 64 原始单据

1 月产品销售单位成本计算表

201×年01月31日　　　　　　　　　　　　　　　　　　　　　　　　单位:元

项目	计量单位	期初库存	期初库存成本	本期入库	本期入库成本	单位成本(一次加权平均法,四舍五入,保留2位)	备注
紫光电视	台						存货一次加权平均成本=(期初存货成本+本期入库存货成本)/(月初结存存货数量+本期入库存货数量)
青光电视	台						
情光电视	台						
彩光电视	台						
合计							

会计主管:王星　　　　　财务科长:江景　　　　制单:李明

图 10－136　业务 65 原始单据 1

1 月产成品销售成本计算表

201×年01月31日　　　　　　　　　　　　　　　　　　　　　　　　单位:元

项目	计量单位	期初存货		本期入库		本期销售		期末存货		
		数量	结存成本	数量	入库成本	数量	销售成本	数量	平均单位成本	结转成本
紫光电视	台									
青光电视	台									
情光电视	台									
彩光电视	台									
合计										

会计主管:王星　　　　　财务科长:江景　　　　制单:李明

图 10－137　业务 65 原始单据 2

坏账准备计算表
201×年01月31日

企业名称:鹏程电子股份有限公司

年末"应收账款"账户余额	坏账准备提取率为0.5%	提取前"坏账准备"账户借方余额	提取前"坏账准备"账户贷方余额	提取的坏账准备金
1	2	3	4	5 = 1 × 2 + 3 − 4

主管:王星　　　　　　　　复核:　　　　　　制表:江景

图 10 – 138　业务 66 原始单据

存货跌价准备计提表
201×年01月31日

企业名称:鹏程电子股份有限公司

项目	准备账户期初数	本期增加数	本期减少数	按规定提取数
金额	0	12000.00	2000.00	10000.00

主管:王星　　　　　　　　复核:　　　　　　制表:江景

图 10 – 139　业务 67 原始单据

固定资产减值准备计提表
201×年01月31日

企业名称:鹏程电子股份有限公司

项目	准备账户期初数	本期增加数	本期减少数	按规定提取数
金额	30350.00	20000.00	0	20000.00

主管:王星　　　　　　　　复核:　　　　　　制表:江景

图 10 – 140　业务 68 原始单据

增值税纳税申报表

（适用于增值税一般纳税人）

根据《中华人民共和国增值税暂行条例》第二十二条和第二十三条的规定制定本表。纳税人不论有无销售额,均应按主管税务机关核定的纳税期限按期填报本表,并于次月一日起十日内,向当地税务机关申报。

税款所属时间:自　　年　　月　　日至　　年　　月　　日

填表日期:　　年　　月　　日　　金额单位:元至角分

纳税人识别号					所属行业:	
纳税人名称	（公章）	法定代表人姓名		注册地址	营业地址	
开户银行及账号		企业登记注册类型			电话号码	

项目	栏次	一般货物及劳务		即征即退货物及劳务	
		本月数	本年累计	本月数	本年累计
销售额 （一）按适用税率征税货物及劳务销售额	1				
其中:应税货物销售额	2				
应税劳务销售额	3				
纳税检查调整的销售额	4				
（二）按简易征收办法征税货物销售额	5				
其中:纳税检查调整的销售额	6				
（三）免、抵、退办法出口货物销售额	7				
（四）免税货物及劳务销售额	8				
其中:免税货物销售额	9				
免税劳务销售额	10				

税款计算	销项税额	11				
	进项税额	12				
	上期留抵税额	13				
	进项税额转出	14				
	免抵退货物应退税额	15				
	按适用税率计算的纳税检查应补缴税额	16				
	应抵扣税额合计	17 = 12 + 13 − 14 − 15 + 16				
	实际抵扣税额	18(如 17 < 11,则为 17,否则为 11)				
	应纳税额	19 = 11 − 18				
	期末留抵税额	20 = 17 − 18				
	简易征收办法计算的应纳税额	21				
	按简易征收办法计算的纳税检查应补缴税额	22				
	应纳税额减征额	23				
	应纳税额合计	24 = 19 + 21 − 23				
税款缴纳	期初未缴税额(多缴为负数)	25				
	实收出口开具专用缴款书退税额	26				
	本期已缴税额	27 = 28 + 29 + 30 + 31				
	①分次预缴税额	28				
	②出口开具专用缴款书预缴税额	29				
	③本期缴纳上期应纳税额	30				
	④本期缴纳欠缴税额	31				
	期末未缴税额(多缴为负数)	32 = 24 + 25 + 26 − 27				

续表

其中:欠缴税额(≥0)	33 = 25 + 26 − 27				
本期应补(退)税额	34 = 24 − 28 − 29				
即征即退实际退税额	35				
期初未缴查补税额	36				
本期入库查补税额	37				
期末未缴查补税额	38 = 16 + 22 + 36 − 37				

授权声明	如果你已委托代理人申报,请填写下列资料: 为代理一切税务事宜,现授权 (地址) 为本纳税人的代理申报人,任何与本申报表有关的往来文件,都可寄予此人。 授权人签字:	申报人声明	此纳税申报表是根据《中华人民共和国增值税暂行条例》的规定填报的,我相信它是真实的、可靠的、完整的。 声明人签字:

以下由税务机关填写:

收到日期:　　　　　　　接收人:　　　　　　主管税务机关盖章:

图 10 − 141　业务 69 原始单据

附加税(费)纳税申报表

纳税人识别号:553274041023759

纳税人名称:(公章)

税款所属期限:自201×　年01　月01　日至　201×　年01　月31　日

填表日期：201×年01　月31　日　　　　　　　金额单位:元(列至角分)

计税依据(计征依据)		计税金额(计征金额)	税率(征收率)%	本期应纳税(费)额	本期已缴税(费)额	本期应补(退)税(费)额
		1	2	3 = 1×2	4	5 = 3-4
城市维护建设税	增值税		7			
	消费税		7			
	营业税		7			
	合计					
教育费附加	增值税		3			
	消费税		3			
	营业税		3			
	合计					
纳税人或代理人声明:	如纳税人填报,由纳税人填写以下各栏					
此纳税申报表是根据国家税收法律的规定填报的,我确信它是真实的、可靠的、完整的。	经办人(签章)江景		会计主管(签章)王星		法定代表人(签章)	赵锦
	如委托代理人填报,由代理人填写以下各栏					
	代理人名称					
	经办人(签章)		代理人(公章)			
	联系电话					

以下由税务机关填写

受理人：　　　　　　受理日期：　　　　　　受理税务机关(签章)：

填表说明：

本表适用于城市维护建设税、教育费附加、地方教育附加、地方水利建设基金纳税人填报。

图10-142　业务70原始单据

1月应交所得税计算表

201×年01月31日

企业名称:鹏程电子股份有限公司

项目	本月实现利润总额	调整项目金额	本月应纳税所得额	适用税率	应缴纳所得税税额
1月					

主管:王星　　　　　　复核：　　　　　　制表:江景

图10-143　业务73原始单据

资产负债表

编制单位：　　　　　　　　　　年　月　日　　　　　　　　金额单位：元

项　目	行次	年初余额	期末余额	项　目	行次	年初余额	期末余额
流动资产：	1			流动负债：	26		
货币资金	2			短期借款	27		
交易性金融资产	3			应付账款	28		
应收票据	4			预收款项	29		
应收股利	5			应付职工薪酬	30		
应收利息	6			应交税费	31		
应收账款	7			应付利息	32		
其他应收款	8			应付股利	33		
预付款项	9			其他应付款	34		
存货	10			一年内到期的非流动负债	35		
一年内到期的非流动资产	11			其他流动负债	36		
其他流动资产	12			流动负债合计	37		
流动资产合计	13			非流动负债：	38		
非流动资产：	14			长期借款	39		
可供出售金融资产	15			应付债券	40		
持有至到期投资	16			其他非流动负债	41		
长期股权投资	17			非流动负债合计	42		
固定资产净额	18			负债合计	43		
在建工程	19			所有者权益（或股东权益）：	44		
固定资产清理	20			实收资本（股本）	45		
无形资产	21			资本公积	46		
其他非流动资产（其他长期资产）	22			盈余公积	47		
非流动资产合计	23			未分配利润	48		
	24			所有者权益合计	49		
资产总计	25			负债和所有者权益总计	50		

利润表

年 月

编制单位：   金额单位：元

项　目	行次	本年累计数	本月数
一、营业收入	1		
减：营业成本	2		
营业税金及附加	3		
销售费用	4		
管理费用	5		
财务费用	6		
资产减值损失	7		
加：公允价值变动收益（损失以"－"号填列）	8		
投资收益（损失以"－"号填列）	9		
其中对联营企业和合营企业的投资收益	10		
二、营业利润（亏损以"－"号填列）	11		
加：营业外收入	12		
减：营业外支出	13		
三、利润总额（亏损总额以"－"号填列）	14		
减：所得税费用	15		
四、净利润（净亏损以"－"号填列）	16		
五、每股收益	17		
（一）基本每股收益	18		
（二）稀释每股收益	19		

现金流量表

年　月

编制单位：　　　　　　　　　　　　　　　　　　　　　　　　　　金额单位:元

项目	行次	金额
一、经营活动产生的现金流量	1	
销售商品、提供劳务收到的现金	2	
收到的税费返还	3	
收到的其他与经营活动有关的现金	4	
现金流入小计	5	
购买商品接受劳务支付的现金	6	
支付给职工以及为职工支付的现金	7	
支付的各项税费	8	
支付的其他与经营活动有关的现金	9	
现金流出小计	10	
经营活动产生的现金流量净额	11	
二、投资活动产生的现金流量	12	
收回投资所收到的现金	13	
取得投资收益所收到的现金	14	
处置固定资产、无形资产和其他长期资产所收回的现金净额	15	
收到的其他与投资活动有关的现金	16	
现金流入小计	17	
购建固定资产、无形资产和其他长期资产所支付的现金	18	
投资支付的现金	19	
支付的其他与投资活动有关的现金	20	
现金流出小计	21	
投资活动产生的现金流量净额	22	
三、筹资活动产生的现金流量	23	
吸收投资所收到的现金	24	

续表

项目	行次	金额
取得借款所收到的现金	25	
收到的其他与筹资活动有关的现金	26	
现金流入小计	27	
偿还债务所支付的现金	28	
分配股利、利润和偿付利息所支付的现金	29	
支付的其他与筹资活动有关的现金	30	
现金流出小计	31	
筹资活动产生的现金流量净额	32	
四、汇率变动对现金的影响	33	
五、现金及现金等价物净增加额	34	
加:期初现金及现金等价物余额	35	
六、期末现金及等价物余额	36	

参考文献

[1]余海宗.会计综合实训[M].上海:上海财经大学出版社,2010.

[2]鲁爱民.轻松做工业会计[M].北京:机械工业出版社,2010.

[3]胡玉明.会计学[M].北京:中国人民大学出版社,2010.

[4]石庆年,张燕,宋伟官.快速掌握做账技巧[M].北京:中国经济出版社,2010.

[5]汪一凡.原来会计可以这么学[M].北京:立信会计出版社,2010.

[6]付刚.手把手教你会计核算[M].成都:西南财经大学出版社,2010.

[7]温莉.出纳其实很简单[M].广州:广东经济出版社,2010.

[8]邱庆剑,邹静.故事中的会计学门[M].广州:广东经济出版社,2010.

[9]谢桂生,陈新.明明白白学会计[M].广州:广东经济出版社,2010.

[10]张春雪.会计新手日记[M].北京:机械工业出版社,2010.

[11]段侠.老板学财务[M].北京:清华大学出版社,2010.

[12]刘凌冰.会计报表阅读与分析[M].大连:东北财经大学出版社,2010.

[13]玉卓.教你做一名优秀的财务会计[M].北京:北京工业大学出版社,2010.

[14]任萍,郭莉荣.综合会计实验[M].北京:经济科学出版社,2013.

[15]吴宝宏,许延明,宋明.基础会计实验教材[M].北京:清华大学出版社,2014.

[16]廉秋英.会计实验与案例教程[M].上海:上海交通大学出版社,2012.

[17]陈丽虹.基础会计实验[M].北京:人民邮电出版社,2012.

[18]宋明,李长福,杨守杰.财务会计实验教程[M].北京:科学出版社,2012.

[19]章新蓉.基础会计实验教程[M].上海:格致出版社,2011.

[20]许延明,吴宝宏,宋明.基础会计实验教程[M].北京:清华大学出版社,2011.

图书在版编目(CIP)数据

企业会计综合实训/雷金英主编. —北京:经济管理出版社,2014.8
ISBN 978-7-5096-3207-9

Ⅰ.①企…　Ⅱ.①雷…　Ⅲ.①企业管理—会计　Ⅳ.①F275.2

中国版本图书馆 CIP 数据核字(2014)第 143339 号

组稿编辑:王光艳
责任编辑:许　兵
责任印制:黄章平

出版发行:经济管理出版社
　　　　　(北京市海淀区北蜂窝 8 号中雅大厦 A 座 11 层　100038)
网　　　址:www.E-mp.com.cn
电　　　话:(010)51915602
印　　　刷:三河市延凤印装厂
经　　　销:新华书店
开　　　本:720mm×1000mm/16
印　　　张:15
字　　　数:242 千字
版　　　次:2014 年 8 月第 1 版　2014 年 8 月第 1 次印刷
书　　　号:ISBN 978-7-5096-3207-9
定　　　价:39.80 元